Joven Verdadera

Joven Verdadera

FIRME EN UN MUNDO QUE INTENTA SEDUCIRTE

BETSY GÓMEZ

EDITORA GENERAL

EDITORIAL
PORTAVOZ

La misión de *Editorial Portavoz* consiste en proporcionar productos de calidad —con integridad y excelencia—, desde una perspectiva bíblica y confiable, que animen a las personas a conocer y servir a Jesucristo.

Joven Verdadera: Firme en un mundo que intenta seducirte

Editora general: Betsy Gómez.
Arte y rotulación: Nicole Tejera de García.
Equipo editorial: Betsy Gómez, Erin Davis, Aylín Michelén de Merck, Bethany Beal, Susi Bixby, Kelly Needham, Kristen Clark, Nancy DeMoss Wolgemuth, Laura González de Chávez y Nohra Bernal.
Traducción de los capítulos 3, 6, 9, 10 y 11: Nohra Bernal.

El arte emoji utilizado con permiso de vecteezy.com.
"See no evil", emoji del mono: Sudowoodo/Shutterstock.com.

EDITORIAL PORTAVOZ
2450 Oak Industrial Drive NE
Grand Rapids, Michigan 49505 USA
Visítenos en: www.portavoz.com

ISBN 978-0-8254-5886-6 (rústica)
ISBN 978-0-8254-6859-9 (Kindle)
ISBN 978-0-8254-7694-5 (epub)

2 3 4 5 edición / año 29 28 27 26 25 24 23 22 21 20

Impreso en los Estados Unidos de América
Printed in the United States of America

CONTENIDO

Parte 1
UN ENCUENTRO CON LA VERDAD

Parte 2
FIRME EN LA VERDAD

Parte 3

ÚNETE AL MOVIMIENTO

COLABORADORAS

Betsy Gómez es una bloguera y conferencista apasionada por inspirar a otras mujeres (especialmente a las jóvenes) a saborear el evangelio. Ella dirige el área de creatividad de Aviva Nuestros Corazones y es la presentadora del podcast Joven Verdadera. Nació en la República Dominicana, y ahora vive en Irving, Texas, donde su esposo, Moisés, sirve como pastor hispano en la iglesia First Irving. Tienen dos niños y una niña.

Instagram: @betsytgomez

Aylín Michelén de Merck es esposa y mamá de tres hijos. Vive con su familia en el Medio Oriente. Aylín disfruta el guacamole, el café con leche de menta y todas las cosas que incluyen chocolate. Su característica más importante es que ella es una con Cristo. Su pasión es contemplar la belleza de Dios en Cristo Jesús y animar a todas las personas con quienes interactúa a cultivar su deleite en Él.

Instagram: @aylinmerck

Erin Davis es una autora, bloguera y oradora reconocida a la que le encanta ver a mujeres de todas las edades correr hacia el pozo profundo de la Palabra de Dios. Es autora de muchos libros y estudios bíblicos, entre ellos *Connected*, *Beautiful Encounters* y la serie *My Name Is Erin*. Ella sirve en el equipo del ministerio de Aviva Nuestros Corazones. Cuando no está escribiendo, puedes encontrar a Erin persiguiendo pollos y niños en su pequeña granja en la zona central de los Estados Unidos.

Instagram: @eringraffiti

Kelly Needham está casada con el cantante, compositor y orador Jimmy Needham. Kelly es autora del libro *Friendish: Reclaiming Real Friendship in a Culture of Confusion*. Ya sea escribiendo o hablando, el objetivo de Kelly es convencer a tantas personas como sea posible de que nada se compara con conocer a Jesús. Ella y Jimmy viven en el área de Dallas con sus tres hijos, Lively, Sophia y Benjamin. Puedes conocerla más en kellyneedham.com, o en sus redes sociales.

Instagram: @kellyneedham

Susi Bixby lleva 21 años de casada con Mateo, y ama a sus tres regalos de Dios: Aaron, Ana y David. Deseosa de vivir el diseño de Dios para su vida, Susi dedica la mayor parte de su energía a su familia. Junto con su esposo Mateo, pastor de la Iglesia Bautista la Gracia en Monterrey, México, Susi colabora en la Universidad Cristiana de las Américas en Monterrey. Le encanta estudiar y compartir la Palabra de Dios porque es "viva y eficaz" para perfeccionar a cada creyente. Puedes escuchar su podcast de Crianza Reverente en www.crianzareverente.com, y leer sus artículos en www.palabraygracia.com.

Instagram: @susibixby

Kristen Clark y Bethany Beal son hermanas, amigas de toda la vida, fundadoras de GirlDefined Ministries y autoras de *Una chica definida por Dios, El amor definido por Dios y Una sexualidad definida por Dios*. A estas chicas altas de Texas les apasiona la feminidad bíblica y aman impartir la verdad de Dios a través del discipulado uno a uno. También aman escribir, enseñar, bloguear y publicar vídeos en YouTube. Les encantan los deportes competitivos, especialmente el baloncesto, y siempre están preparadas para aventuras al aire libre. Cuando no están escribiendo o hablando, puedes encontrarlas pasando tiempo con su familia numerosa o pasando el rato en un café local.

Instagram: @krstnclark @bethany.beal

Laura González de Chávez vive en Oklahoma City, Estados Unidos. Es esposa de Fausto. Su pasión es discipular a las mujeres de todas las edades con el fundamento sólido de la Palabra de Dios y pasar tiempo con su familia. Laura es consejera bíblica en su iglesia y mentora de muchas mujeres jóvenes. Actualmente dirige el ministerio de Aviva Nuestros Corazones, una labor que le ha ayudado a alcanzar a las mujeres de su generación con el mensaje del evangelio y de la feminidad bíblica. También produce, junto a su esposo, el programa radial semanal "Un Hogar sobre la Roca", que busca contribuir a redimir el diseño de Dios para la familia. Laura tiene una hija, Sarah, que está casada con Jonathan, y cuatro hermosos nietos, Zoë, Noah, Joy y Levi.

Instagram: @Lauragonzdech

Nancy DeMoss Wolgemuth nunca aspiró a ser escritora ni oradora. Sin embargo, ha experimentado el poder de la verdad para impartir vida, y le apasiona guiar a otros a experimentarlo también. A través de sus libros, las conferencias Mujer Verdadera, y el programa radial "Aviva nuestros corazones", Nancy ha consagrado su vida a ayudar a las mujeres a descubrir la libertad, la plenitud y la abundancia que hay en Cristo. Nancy y su esposo Robert se casaron en 2015, y viven en Michigan. Están agradecidos por la dicha de compartir su vida juntos, y de servir al Señor y a los demás.

Instagram: @nancydemoss
www.avivanuestroscorazones.com

PRÓLOGO

Cuando conocí a Betsy supe que, de alguna manera, Dios entrelazaría nuestras vidas en el ministerio. Y así fue. Años más tarde, el Señor la trajo a servir como parte del equipo de Aviva Nuestros Corazones. Su alegría, su simpatía, sus ideas y su creatividad llegaron a nuestras vidas como un rayo de sol por la ventana.

¡Qué gran gozo me causa ver la hermosa obra de Dios en la vida de Betsy! Él la ha convertido en una mujer temerosa de Dios, celosa del evangelio; en una esposa, madre y sierva piadosa. Me regocija ver cómo los frutos de haber abrazado el evangelio y el llamado a la feminidad bíblica se despliegan en su vida de manera tan natural y atrayente. Me llena de satisfacción la forma como ha rendido su vida a Sus propósitos, y el uso que da a los dones y talentos que Dios le ha concedido para ministrar a las jóvenes de su generación.

Su pasión es transmitir la hermosura del evangelio y ayudar a las jóvenes a encontrar su identidad en Cristo. Este mensaje no solo es necesario para las jóvenes, sino para todos los que hemos puesto nuestra fe en Él.

Estamos en los últimos tiempos y este es un mensaje crucial. El pecado de nuestros corazones, sumado a las ideologías y filosofías que reinan en este mundo y que moldean nuestro pensamiento, han causado la confusión, el desvío y aun el descalabro en la vida de muchas jóvenes. Nunca ha sido tan importante, como ahora, conocer la verdad.

Quizá te estés haciendo la misma pregunta que le hiciera Pilato a Jesús en una ocasión, "¿Qué es la verdad?" (Juan 18:38). La verdad es una persona: Jesús. Él es "el camino, la verdad y la vida" (Juan 14:6), y Él puede ser hallado (Isaías 55:6). Su voluntad para ti está contenida en un libro: La Biblia, un libro que te llevará por caminos sabios y seguros, caminos que te conducirán a la libertad, la plenitud y la abundancia que tanto anhelas.

Te invito a abrir tu corazón y a aceptar el reto que te lanzan las autoras de *Joven Verdadera*. Es mi oración que el Espíritu de Dios abra tus ojos a Su verdad y que esta te cautive, inclinando tu corazón a obedecerla. Oro que Él te muestre cómo esta verdad puede transformar tu entendimiento, ayudándote a encontrar Su voluntad buena, agradable y perfecta para cada área de tu vida (Romanos 12:2).

¡Que Dios te bendiga abundantemente a través de la lectura de este libro y te ayude a vivir conforme a Su verdad!

LAURA GONZÁLEZ DE CHÁVEZ
Directora de Aviva Nuestros Corazones

NO TE SALTES
LA INTRODUCCIÓN

por Betsy Gómez

Viajar al pasado es imposible, pero cuando pienso en mis "años maravillosos", me imagino lo que podría suceder si retrocediera veinte años para reunirme con mi yo más joven. ¡Cuantas advertencias le daría! No tengo muchas fotos de esos años, pero si algo recuerdo es la pasión con la que vivía. Tenía un fuerte deseo de agradar a Dios, pero mi mente no había sido transformada por Su Palabra. Mis oídos estaban abiertos a todo tipo de voces en la casa, en la iglesia, en la escuela y universidad, y a todo lo que sucedía alrededor.

Aunque soy una milenial, en ese entonces los jóvenes no teníamos teléfonos inteligentes. Lo único que portaba era un beeper (sé que no tienes idea de lo que es, pero sí, puedes buscarlo en internet). Y, aunque no lo creas, en ese tiempo no existían las redes sociales. ¡Iniciaron cuando yo tenía 20 años! Mi contacto con el mundo exterior se limitaba a la televisión, la radio y las revistas. Pero eso fue suficiente para exponerme a una gran cantidad de mentiras que le dieron forma a mi manera de vivir.

Mi yo más joven —con una madre soltera que hizo hasta lo imposible para criarme y una tía creyente que me trajo a la iglesia y me modeló el amor a Cristo— trataba de descifrar la vida y sobrellevar las presiones que sentía. Por temporadas me preocupaba por lo importante y, en otras, fluctuaba debido a mi deseo de ser aceptada por los demás.

Si me encontrara con mi versión más joven, sin lugar a dudas ría cantando. A lo mejor, estaría tarareando un corito popular de mi iglesia que decía: "Toda mi vida está en ti, todos mis sueños y lo que espero ser, están en la persona de Jesús", o quizás estaría imitando a Thalía con su canción: "A quién le importa lo que yo haga, a quién le importa lo que yo diga, yo soy así y así seguiré, nunca cambiaré…". ¡Ja, ja! ¡Vaya contradicción! En ese tiempo tenía la verdad muy cerca, pero el mundo era muy seductor y me atraía. Sinceramente, nunca pensé que me haría ningún daño exponerme a todas sus ideas.

Sin duda alguna, eso fue un grave error. Con el tiempo, esa jovencita fue cediendo a los mensajes que la invitaban a vivir para ella misma, y a trivializar la santidad de Dios y la importancia de vivir en pureza. Poco a poco fue despreciando los roles tradicionales del matrimonio, comenzó a ver la maternidad como un estorbo para el éxito y a conformar su fe a un mensaje en el que ella era el centro.

Me gustaría decirle tantas cosas a mi yo más joven, que un encuentro no sería suficiente, así que le llevaría todo por escrito. Bueno, también tendría que convencerla de la urgencia de mi mensaje, porque en aquel entonces no me gustaba leer. ¿Sabes lo que le escribiría? Le escribiría acerca de aquellas cosas que no parecen importantes en esa etapa de la vida, pero que son cruciales para su bienestar. Le contaría a dónde me ha llevado cada decisión que he tomado motivada por el mundo y por mi carne. Le mostraría el único camino a su libertad.

Le advertiría acerca del peligro de entregar el corazón —que es engañoso y por naturaleza suprime la verdad— a un mundo que quiere enredarlo en mentiras que llevan a la destrucción. ¡Quisiera decirle tantas cosas!

NO NECESITO VIAJAR AL PASADO

Pero la verdad es que solo en mi imaginación puedo hacerlo. La vida no es una película de ficción. Es imposible devolverse en el tiempo para cambiar las cosas, y la verdad es que no hace falta hacerlo. Dios en su bondad y en su soberanía me permitió vivir todas esas experiencias y las ha usado para mi bien y para su gloria.

Ahora bien, lo que sí puedo hacer es entregarte a ti ese escrito. Este libro contiene las verdades que me hubiera gustado saber hace mucho tiempo.

Así que imagínate que mis amigas y yo te traemos estas verdades desde el futuro para alertarte. Mi oración es que leas como si se tratara de un mensaje de vida o muerte, porque en realidad lo es. Ruego que te acerques a cada capítulo con un corazón dispuesto a aprender, porque lo que queremos compartir contigo no solo proviene de corazones que anhelan verte caminar en la verdad, sino que proviene de la Palabra de Dios. Te aseguro que le sacarás más provecho a la lectura de este libro con una Biblia en mano.

> "Te aseguro que le sacarás más provecho a la lectura de este libro con una Biblia en mano".

Deseamos que al enfrentarte a la verdad puedas reconocerla y rendir tu vida a ella. Que no te suceda como a Pilato frente a Jesús, que no pudo reconocer la verdad que estaba delante de sus ojos. ¿Qué tanto sabes acerca de lo que pasó en ese encuentro?

Veámoslo juntas en el primer capítulo, y descubramos qué tiene en común con lo que pasó con nuestra generación.

Parte 1

UN ENCUENTRO CON LA VERDAD

uno

¿QUÉ ES LA VERDAD?

por Betsy Gómez

UN ENCUENTRO A CIEGAS CON LA VERDAD

Busca tu Biblia —física o digital— y lee Juan 18:33-38. Este es un encuentro sorprendente. Por mucho tiempo ignoré lo que realmente sucedió allí. Pilato recibió a Jesús de manos de los sacerdotes para juzgarlo, y luego lo entregó para que fuera crucificado. Pero antes sostuvieron una conversación que más bien parecía un juego de preguntas, y si miramos atentamente la escena nos damos cuenta de los contrastes que se dieron allí. Un gobernador terrenal que "decide" el destino de la suprema autoridad de todo lo que existe. Un hombre injusto que "juzga" al autor de toda justicia. Un ciego con el entendimiento entenebrecido ante la Luz del mundo.

En su intento por descifrar quién era este hombre, Pilato le preguntó si él era rey, pero la respuesta de Jesús le puso fin a sus preguntas:

> "¿Así que Tú eres rey?", le dijo Pilato. "Tú dices que soy rey", respondió Jesús. "Para esto Yo he nacido y *para esto he venido al mundo, para dar testimonio de la verdad*. Todo el que es de la verdad escucha Mi voz".
>
> Pilato le preguntó: "¿Qué es la verdad?" (Juan 18:37–38, cursivas añadidas).

Pilato reaccionó con una última pregunta "¿Qué es la verdad?". Él no esperaba que Jesús contestara, porque no había terminado de formularla y ya sus pies se dirigían a la puerta de salida. *Ya sea porque estaba convencido de que no existía una respuesta o, más probablemente, porque no quería escucharla.*[1]

Esta escena se ha repetido a lo largo de la historia de la humanidad. El atrevimiento y el cinismo de Pilato han hecho eco en la mente de los filósofos que le han dado forma al pensamiento de nuestra generación.

A lo largo de los años el ser humano se ha preguntado qué es la verdad, pero solo ha tratado de definirla según su propio razonamiento e imaginación. Y ¿sabes lo único que ha encontrado? Confusión y engaño. En lugar de mirar de frente a la fuente de la verdad absoluta, ha intentado mirar a otro lado para ignorarla y adormecer su conciencia. Al igual que Pilato, el ser humano no desea conocer la verdad, prefiere esconderla detrás de un filtro para evitar ver la crudeza de las cosas como realmente son.

Si abres tus redes sociales o si enciendes la radio o el televisor, notarás la insolencia de Pilato entretejida en la forma de pensar de este mundo. Lo triste es que estas corrientes de pensamiento no solo se filtran en los medios de comunicación, sino que también se esconden en nuestros corazones. Son como caramelos de veneno recubiertos de azúcar. Son pensamientos tan atractivos, lógicos y convenientes que nos hacen olvidar el poder que tienen para destruirnos.

- *¡Yo defino mi propia verdad!*
- *¡No intentes definirme por tu verdad personal!*
- *La verdad es personal y nadie puede juzgarme.*
- *La verdad es lo que me funciona o lo que me hace sentir bien.*
- *La verdad es lo que me han enseñado.*

---

1. D. A. Carson, *The Gospel According to John*, The Pillar New Testament Commentary (Leicester, England; Grand Rapids, MI: Inter-Varsity Press; W. B. Eerdmans, 1991), 595.

- *Si no respetas y aceptas mi verdad, entonces me ofendes.*
- *La verdad es relativa, cada quien puede decidir cuál es la verdad que le "conviene".*
- *La verdad es subjetiva, todo el mundo "tiene derecho" a definirla de acuerdo a su experiencia o su razonamiento.*

El problema es que estamos tan familiarizadas con estas ideas que se nos hace difícil discernir si son correctas o no. Como ese videoclip que vi recientemente en el que una artista joven cantaba a todo pulmón "¡no te metas con mi libertad!", mientras mostraba ejemplos de mujeres "empoderadas" de su sexualidad. Siempre será más fácil apelar a una verdad personal para excusar un comportamiento inmoral y contrario al diseño de Dios. Lo que ella no puede ver es que lo que ellas llaman libertad, en realidad son cadenas que las tienen atadas.

Por eso te reto a que me acompañes a desenmascarar estas mentiras en lo que resta de este libro. Exploremos cómo la actitud de Pilato ante la verdad se ha infiltrado en nuestros corazones. Pero antes, te advierto que exponernos a la verdad no siempre va a producir la sensación de descender suavemente en trineo por una montaña de prados verdes y flores de colores. Probablemente habrá momentos en los que se sienta como escalar una cima rocosa contra un viento recio.

Puede que en el camino te suceda igual que a mí, que descubrir la verdad me ha obligado a despojarme de cosas que he atesorado. He sentido como si me privaran de algo que me ha definido por años. A veces ha sido un deleite, pero en otras, a causa de mi orgullo, ha sido doloroso. Pero te confieso que al ver lo que he entregado, me he dado cuenta que solo era un bagaje innecesario que hacía mi vida más pesada y que me robaba la libertad y el gozo.

COMO *ZOMBIES* SIN OJOS

Esto no es algo nuevo. Desde el comienzo de la humanidad se ha atacado la verdad y nuestro pecado nos inclina a rechazarla y a desobedecerla. A continuación, daremos un paseo por el momento más oscuro de la historia del pueblo de Dios. Toma mi mano y quédate conmigo, verás cómo todo cobra sentido más adelante.

En los tres primeros capítulos de Génesis vemos un cuadro muy claro: Dios, el autor de la creación, toma la iniciativa para revelarse al hombre y a la mujer. Su instrucción fue veraz y precisa. Sin embargo, el engañador entró en escena y encontró cabida en el corazón de las criaturas de Dios. Hasta ese momento, ellos solo conocían lo verdadero y tenían a su disposición absolutamente todo lo que necesitaban. Pero eso no les duró por mucho tiempo. Detente y lee Génesis 3:1-14.

Todo cambió para siempre cuando ellos dudaron de la bondad de Dios ("¿conque Dios les ha dicho…?"), cuando sus oídos se prestaron para escuchar un susurro de mentira ("ciertamente no morirán…"), y cuando sus corazones curiosos se inclinaron ante la invitación a usurpar el trono de su Creador ("…serán como Dios…").

Ellos aceptaron el veneno que salió de la boca del padre de mentira y desobedecieron a Dios —la única fuente de toda verdad—. Pasaron de vivir en un paraíso lleno de esplendor a un profundo abismo de oscuridad. Sus ojos se fueron apagando hasta que dejaron de ver la verdad que estaba tan clara delante de ellos. En ese día funesto, el pecado apagó todas las luces y desde entonces la humanidad inició su camino en las tinieblas. Tinieblas que nuestros corazones entenebrecidos llegaron a amar.

Pero Dios en su amor no los dejó ahí. Él prometió que enviaría su luz a restaurar todas las cosas; prometió que vendría Uno que conquistaría el poder de la muerte (Génesis 3:15). Él escogió a un pueblo de donde saldría el Salvador, y a pesar de la oscuridad que los rodeaba, Él los dirigió con su verdad. Su peregrinaje muestra que aunque ellos pusieron su confianza en la promesa dada por Dios, sus corazones insistían en rechazar la verdad y amar las tinieblas.

- Abraham e Isaac trataron de salvar sus vidas mintiendo y ocultando la verdad (Génesis 26:6-11; 12:10-20).

- A causa de sus celos, los hijos de Israel vendieron a José y callaron la verdad (Génesis 37).

- En el momento en que Dios comunicó Su verdad a Moisés, el pueblo se volcó a las tinieblas adorando un ídolo y poniendo a un lado la verdad que habían conocido de Dios. Ellos demostraron con sus hechos la oscuridad que reinaba en sus corazones (Éxodo 32:8).

- David escondió su pecado hasta que el profeta Natán lo confrontó con la verdad (2 Samuel 12:1-23).

- A Salomón se le otorgó una gran sabiduría, pero él decidió suprimir la verdad que conocía y se entregó a las mentiras que enredaron su corazón en pecado (1 Reyes 11:1-13).

- Jonás huyó porque se negó a declarar la verdad a una nación que estaba en tinieblas (Jonás 1:3).

- Dios envió profetas con la verdad de Su Palabra, pero el pueblo los odiaba (Nehemías 9:26).

Esta lista podría continuar, porque ha sido el patrón de la humanidad hasta nuestros días. Insistimos en caminar en dirección contraria a la verdad. Amamos más las tinieblas que la luz, suprimimos la verdad por amor a nuestros pecados.

Sin embargo, Dios es diferente. Él no escondió el pecado de los suyos. Él no usó filtros de Instagram para hacerlos ver mejor. Él demostró constantemente cuán oscura era la condición del hombre y la gran necesidad que tenía de un salvador. Una y otra vez, Dios revelaba su verdad y el pueblo la rechazaba (Romanos 1:18). Como cuando alguien te despierta en medio de la noche y escondes el rostro porque tus ojos no pueden ver la luz.

Y lo interesante es que esta no es solo la historia de los personajes bíblicos que te enseñaron en la escuela dominical. Esta es tu historia, esta es nuestra historia. Desde el momento en que el pecado introdujo la muerte en la humanidad, nos convertimos en *zombies* sin ojos que buscan lugares oscuros dónde habitar. Si estamos apartadas de la verdad, por fuera nos vemos muy vivas, pero nuestra realidad espiritual es horrible. Nos arreglamos y tratamos de lucir bien, pero el hedor de las mentiras que nos dominan de alguna manera sale a relucir.

Lo increíble de nuestra historia es que Dios no miró a un lado ni ignoró nuestra necesidad. Él cumplió su promesa y a su tiempo envió la luz que eliminaría toda oscuridad.

> Yo soy la Luz del mundo; el que me sigue no andará en tinieblas, sino que tendrá la Luz de la vida (Juan 8:12).

> En Él estaba la vida, y la vida era la Luz de los hombres. La Luz brilla en las tinieblas, y las tinieblas no la comprendieron (Juan 1:4-5).

La Luz brilla en las tinieblas, pero las tinieblas no la comprendieron. Ese pueblo del cual salió el Salvador, en lugar de correr a la Luz, hizo lo mismo que había hecho por generaciones, huyó de ella. Peor aún, conspiraron para destruirla, como *zombies* sin ojos que rechazan a la única esperanza de vida (Juan 3:19-21)

Esa era la situación de Pilato, cuando recibió a Jesús de manos de ciegos. Lo más triste es que él estaba tan ciego como ellos. Y claro, es muy fácil mirar esto como una película de Netflix y decir :"¡Qué hombre tan torpe! ¿Cómo no pudo ver?".

Pero ¿cómo estás segura de que no hay un Pilato en ti? ¿Cómo sabes si no estás tan acostumbrada a las mentiras de este mundo que no reconoces la verdad cuando está frente a ti? ¿Le estás dando la espalda a la Luz porque tus ojos están llenos de oscuridad?

DESENMASCARANDO LAS MENTIRAS

Ese era mi caso. Como te dije en el principio, aunque fui una "niña de iglesia" y tenía un sincero deseo de consagrar mi vida a Dios y a su obra, mi corazón estaba saturado de mentiras acerca de Dios, de la obra de Cristo, de mi identidad y mi diseño como mujer. No sabía discernir entre la verdad y el error. Mi fe en Jesús estaba tan mezclada con el pensamiento del mundo que no sabía distinguir entre la verdad bíblica y los falsos razonamientos humanistas.

> "Todo lo que haces es un reflejo de tu relación con la verdad".

No te preocupes que no voy a darte una clase de filosofía, pero sí quiero que seas capaz de ver cómo cada decisión, por simple que sea, tiene su origen en tu definición de la verdad. La manera como te acercas a la verdad afecta todas las áreas de tu vida. Sea que te des cuenta o no, todo lo que haces es un reflejo de tu relación con la verdad. La ropa que eliges, el último mensaje de texto que enviaste, las amistades que tienes, lo que publicas en las redes y lo que ves cuando te miras al espejo. ¡Absolutamente todo!

Y bueno, sí. Puede que te suene como la señora anticuada de la que quieres huir no sea que te dé un sermón, pero con lágrimas en mis ojos te escribo, ¡cuánto daría yo porque alguien me hubiera detenido en mi necedad!

Aunque me identificaba como cristiana, el *postmodernismo* corría por mis venas. ¿Quieres saber cómo funcionaba en mí esa palabra de catorce letras? Yo pensaba que si lo que otras personas decían de Dios y de la Biblia me hacía sentir bien, entonces era verdad —aún sin verificarlo de primera mano en la Escritura—. Me acercaba a la Biblia con la idea de que yo era el centro del plan de Dios y usaba los versículos —sin tomar en cuenta el contexto en el que se encontraban— para reclamar lo que Dios tenía para mí. Mis percepciones y mis puntos de vista tenían un peso mayor que la verdad absoluta de Su Palabra.

Así construía mi propia definición de lo que era verdad. Si funcionaba y me hacía sentir bien, entonces era verdad para mí. Si encontraba un versículo bíblico para apoyar lo que yo hacía, entonces era correcto.

Por ejemplo, tomaba ese consejo que me repetían a menudo: "Si quieres ser alguien en la vida, tienes que trabajar y no depender de nadie", y lo conectaba con lo que encontraba en mi corazón engañoso

YO SOY LA VERDAD

-JESÚS

JUAN 14:6

(NBLA)

que me movía a la ambición. Luego conciliaba todo esto con una idea que me pareciera bíblica como: "Dios te ha llamado a ser cabeza y no cola", y ¡*boom*!. Creaba "mi verdad" acerca de cómo debía funcionar el éxito para una mujer.

Por supuesto, esto no era algo que sucediera de manera consciente. Simplemente las piezas que tenía alojadas en mí daban como resultado las "verdades" que me definían.

Mi falta de aprecio por la maternidad tenía su origen en el pensamiento de que Dios me había llamado a hacer cosas grandes, y que si otros podían ayudarme con ese tipo de cosas tan "ordinarias", entonces yo podía dedicarme a conquistar y bla, bla, bla. Durante algunos años en mi adolescencia vestí con un atuendo de "evangélica" sin discernir que en realidad lo hacía para destacarme y para que otros notaran mi "consagración". Luego me encontré usando ropa más provocativa porque al final de cuentas "nadie podía juzgarme". ¡Qué necedad!

¿Te das cuenta cómo mis pensamientos informaban mis decisiones? Y esto no sucedió de la noche a la mañana; fue simplemente exponerme a la mentira, como pequeños sorbos que me iban intoxicando. Como esas ocasiones en las que —al hojear una revista en la sala de espera de un consultorio médico— me expuse a mentiras acerca del sexo. O mirar un comercial que me invitaba a pensar que yo lo merecía todo, o una película que sutilmente me inspiraba a sentir compasión por una mujer que "tenía razones" para serle infiel a su esposo. Por desdicha, no solo me expuse a las mentiras en los medios de comunicación, sino también en círculos cristianos donde la verdad de la Palabra de Dios no era la autoridad.

¿Te das cuenta? Son los mismos pensamientos que te compartí anteriormente. Son mentiras que se infiltran en nuestros corazones y que prometen hacernos sentir bien. Repasemos la lista y ahora marca las que han cruzado por tu mente:

- *¡Yo defino mi propia verdad!*
- *¡No intentes definirme por lo que tú crees que es verdad!*

- *La verdad es personal y nadie puede juzgarme.*
- *La verdad es lo que me funciona o lo que me hace sentir bien.*
- *La verdad es lo que me han enseñado.*
- *Si no respetas y aceptas mi verdad, entonces me ofendes.*
- *La verdad es relativa, cada quien puede decidir cuál es la verdad que le "conviene".*
- *La verdad es subjetiva, todo el mundo "tiene derecho" a definirla de acuerdo a su experiencia o su razonamiento.*

Estos pensamientos se filtran silenciosamente en nuestras mentes, pero nuestras acciones evidencian su fruto. Y todas provienen del mismo origen: Las engañosas palabras que dijo Satanás a Eva. Mira cómo se traducen a nuestros días:

- *¿Conque Dios les ha dicho?*: Su mandato no es tan radical como piensas. No tienes que tomar todo de forma literal. Quizás eso lo dijo para la gente de la antigüedad. Abre tu mente, escucha lo que otros piensan y saca tus propias conclusiones.
- *Ciertamente no morirás*: ¡No exageres! ¿En realidad crees que un Dios tan bueno te hará ir al infierno por algo tan sencillo? Sigue tu corazón y haz lo que te parezca correcto, verás que no pasará nada.
- *Serán como Dios*: Verás lo bien que te sentirás cuando te empoderes y vivas de acuerdo a tu verdad personal. Sé fiel a ti misma y toma el control de tu vida.

Este es el mensaje central del engaño: "Ignora la verdad. Súbete en la montaña rusa de tus propios deseos y decisiones. Disfruta la intensidad y la adrenalina del pecado, y verás que al fin del paseo estarás a salvo y sin ningún rasguño". He consumido esa mentira más de lo que quisiera reconocer, y lo que me ha impulsado es mi deleite en el pecado, mi escaso discernimiento y mi falta de amor por la verdad.

LA VERDAD ES UNA PERSONA

En este enredo tan complicado ¿cómo podemos entonces definir la verdad? Si a diferencia de Pilato dejamos el cinismo atrás, y preguntamos con un corazón sincero ¿qué es la verdad? ¿Cuál sería la respuesta?

La respuesta es tan sencilla como profunda:

> La verdad es lo que se conforma con la mente, la voluntad, el carácter, la gloria y el ser de Dios. Más importante aún: La verdad es la autoexpresión de Dios.[2]

Toda verdad fluye del carácter de Dios. Su Palabra es la verdad (Salmo 119:160) y Jesús es la manifestación visible de esa verdad (Colosenses 1:15). Él es la verdad encarnada (Juan 1:14). Por eso cada intento de definirla sin acudir a Él y a Su Palabra como punto de referencia terminará en el error. Él es el Dios de verdad (Deuteronomio 32:4, Salmo 31:5). Su Palabra es la verdad (Salmo 119:160, Juan 17:17). Su verdad permanece para siempre (Isaías 40:8, 1 Pedro 1:25).

La verdad es la autoexpresión de Dios. Por eso Jesús le declaró a Pilato que su propósito era dar testimonio de la verdad (Juan 18:37). Él es el camino de regreso al jardín de donde caímos. Él es la verdad que nos libera del poder de las mentiras. Él es la vida que nos levanta de la muerte (Juan 14:6). Él es la luz que ilumina nuestras tinieblas (Juan 8:12). Jesús es la verdad encarnada que Pilato ignoró.

> "La verdad es una persona y Su nombre es Cristo".

No se trata de un simple asunto filosófico. La verdad es una persona y Su nombre es Cristo. La verdad de Dios es absoluta, no tiene medias tintas ni da lugar a negociaciones. Por eso la rechazamos, porque si es absoluta, no da lugar a razonamientos con qué excusar nuestro pecado. Nos coloca en la luz o en las tinieblas.

La verdad de Dios no es pasiva, sino que nos llama a la acción. En Jesús es todo o nada. Así de radical es su verdad.

---

2. John MacArthur, *The Truth War* (Nashville, TN: Thomas Nelson, 2008), p. 2.

Y a todos les decía: Si alguien quiere seguirme, niéguese a sí mismo, tome su cruz cada día y sígame (Lucas 9:23).

Porque el que quiera salvar su vida, la perderá; pero el que pierda su vida por causa de Mí y del evangelio, la salvará. O, ¿de qué le sirve a un hombre ganar el mundo entero y perder su alma? (Marcos 8:35-36).

¿Te das cuenta porque es más fácil huir de la verdad? Porque no puedes jugar con ella. No solo expone tu pecado sino que también exige todo de ti. Es mucho más fácil seguir la seducción del mundo, de tu carne y de Satanás, porque te invitan a darle rienda suelta a tus pasiones. Y claro, pareciera más placentero dejarte llevar por la corriente que te empuja a vivir para ti y ponerte en el trono de tu vida. ¿Quién no quisiera vivir de acuerdo a sus propias reglas? El único problema es que ahí no se encuentra la verdadera vida, es solo una ilusión de placer que luce tan brillante como los fuegos artificiales, los cuales te deslumbran pero al pestañear se esfuman.

Y puede que pienses como yo y como los discípulos de Jesús: ¡Qué duras son estas palabras! ¡Qué radical es el camino a la verdad!

Por eso muchos de Sus discípulos, cuando oyeron *esto*, dijeron: "Dura es esta declaración; ¿quién puede escucharla?" (Juan 6:60).

Pero por más estrecha que se vea la puerta, no huyas de la verdad, porque solo en Jesús hay vida eterna.

Como resultado de esto muchos de Sus discípulos se apartaron y ya no andaban con Él. Entonces Jesús dijo a los doce *discípulos*: "¿Acaso también ustedes quieren irse?". Simón Pedro le respondió: "Señor, ¿a quién iremos? Tú tienes palabras de vida eterna. Y nosotros hemos creído y sabemos que Tú eres el Santo de Dios" (Juan 6:66-69).

Es mi oración que tú puedas decir como Pedro: "¿a quién iremos? Tú tienes palabras de vida eterna". Es en la persona de Cristo, en su obra a nuestro favor, en sus promesas y en Su Palabra que encontramos la verdad.

Ya sea que estés explorando la fe, que seas nueva creyente, o que —como yo— lleves años en este caminar, quiero invitarte a que no asumas que lo sabes todo. Coloca todos tus razonamientos sobre la mesa. Considera a Cristo y pídele a Dios que abra tus ojos a la verdad de Su Palabra, que Su Espíritu Santo te guíe a toda verdad y venza toda rebelión que se levante contra su autoridad. ¡Ya verás la libertad que se encuentra cuando nos rendimos a la verdad!

Y conocerán la verdad, y la verdad los hará libres (Juan 8:32).

Oro porque el Espíritu de Dios te conceda un corazón que arda por su verdad, que produzca en ti una sed por beber de la fuente de agua viva, y que despierte en ti nuevos afectos por Su Palabra. Te invito a que tomes un momento para presentarte delante del Señor.

Hazlo personal

- ¿Cómo definirías la verdad en tus propias palabras?

- ¿Tus acciones reflejan el pensamiento del mundo o la verdad de la Palabra de Dios?

- Mientras leías este capítulo, ¿identificaste alguna mentira que has creído?

- Pídele al Señor que a lo largo de esta jornada te revele las mentiras que tu corazón ha alojado. Ora con las palabras de Salmo 139:23-24: *Escudríñame, oh Dios, y conoce mi corazón; pruébame y conoce mis inquietudes. Y ve si hay en mí camino malo, y guíame en el camino eterno.*

- Pídele al Señor que te conceda un arrepentimiento genuino y que transforme tus afectos para amar la verdad.

dos

¿CÓMO ME CAMBIA LA VERDAD?

por Betsy Gómez

"*Aquí está la Biblia, muéstrenme dónde dice eso*". Estas palabras nos cayeron como un balde de agua helada en medio de la noche. Estábamos en una cena en casa de unos amigos muy amados, y allí conocimos a Lázaro, la primera persona que desafió nuestras convicciones. A mi esposo le encantaba debatir —con gran vehemencia— los temas concernientes a la fe. Ambos disfrutamos conversar y siempre teníamos una respuesta "bíblica" —o al menos así pensábamos—. Nuestra pasión por defender nuestros puntos de vista nos hacía lucir muy convincentes, y en la mayoría de los casos ganábamos la discusión.

Pero esa noche fue diferente. El desafío de Lázaro nos desarmó. Nos dejó en un silencio que reveló que no sabíamos de dónde habíamos sacado esa idea que considerábamos bíblica y que defendíamos con uñas y dientes. No te puedes imaginar lo incapaces que nos sentimos —obviamente no lo demostramos porque queríamos ganar la discusión—, pero a diferencia de nosotros, él sí sabía dónde se encontraba el pasaje al que nos referíamos.

Leerlo cuidadosamente bastó para darnos cuenta de que en

realidad decía lo contrario a lo que nosotros pensábamos 😑. Fue suficiente abrir la Biblia y leer todo el capítulo, en lugar de leer el versículo aislado. No podíamos creer lo que veían nuestros ojos. ¡El mundo se nos puso al revés! 🙃

Esa noche nos fuimos a casa con muchas preguntas. Quisiera decirte que éramos nuevos creyentes y por eso "no sabíamos mucho", pero mi esposo y yo llevábamos años sirviendo como líderes de jóvenes en la iglesia. ¡Ay! Aunque ambos crecimos en contextos cristianos diferentes y amábamos a Dios, estábamos aferrados a muchas convicciones erradas que aprendimos de otros. A diferencia de los creyentes de Berea (Hechos 17:10-11) que recibían las enseñanzas de sus líderes con solicitud, pero lo examinaban todo a la luz de las Escrituras para confirmar si eran ciertas, nosotros dábamos todo por sentado y no verificábamos si algunas enseñanzas estaban en armonía con la Palabra de Dios y, peor aún, las repetíamos y comunicábamos a otros.

Si era lógico, si lo decía alguien influyente, si nos hacía sentir bien y parecía bíblico o espiritual, entonces lo considerábamos verdad.

Sí, sabíamos y creíamos que éramos pecadores y que Jesús había muerto en la cruz para salvarnos de nuestros pecados, pero a eso le añadíamos un montón de teorías y prácticas que no salían de la Palabra de Dios.

Dios, en su gracia, usó a Lázaro —quien hoy es un gran amigo— para que nos diéramos cuenta de que profesar a Cristo como Señor y Salvador conlleva una rendición absoluta a la autoridad de Su Palabra.

A partir de ese momento, Dios trajo un avivamiento a nuestras vidas y todo —absolutamente todo— cambió. Ese es el efecto de la verdad.

Por primera vez, estuvimos dispuestos a dejar a un lado nuestras convicciones para que la Palabra de Dios transformara

> "Profesar a Cristo como Señor y Salvador conlleva una rendición absoluta a la autoridad de Su Palabra".

nuestro entendimiento (Romanos 12:1-2). El costo de rendirnos a Su autoridad fue alto, pero nada podía compararse con el gozo que experimentamos al consumir y conformar nuestra mente y nuestra vida con la verdad (Jeremías 15:16; Filipenses 3:8). ¡Parecíamos niños recién nacidos, hambrientos (1 Pedro 2:2) por conocer más de Dios!

Todo cambió. La vida cristiana se veía a todo color y nuestros corazones rebosaban de plenitud. La verdad transformó mi manera de ver a Dios y la forma como me acercaba a Él. Reemplazó las mentiras que había creído acerca de mi feminidad y transformó mis afectos. Cambió mis prioridades y revolucionó toda mi manera de vivir.

Cuando comparto esto con las jóvenes, a menudo me preguntan: "¿Cómo cambiaste? ¿Cómo sé si mi vida no se conforma con la verdad? ¿Qué tengo que hacer para cambiar?".

Quisiera darte tres pasos sencillos que te ayuden a poner tu vida en orden. Quisiera saltar de las páginas y sentarme a tu lado para darte todos los consejos prácticos que se encuentran en este libro. Pero si lo hiciera te estaría guiando a un moralismo hueco.

Antes de ver "cómo funciona" una vida bajo la autoridad de la Palabra de Dios, es necesario pasar por la casilla *"go"* (¿alguna vez jugaste Monopolio?). Quiero que nos ubiquemos en el punto de arranque y que veamos de dónde fluye absolutamente todo. El punto de partida en tu jornada para conformar tu vida con la verdad es el evangelio. Porque la obra de Cristo es la única puerta a la transformación que tanto anhelas.

> "El punto de partida en tu jornada para conformar tu vida con la verdad es el evangelio".

MALAS NOTICIAS

Cuando te han dicho: "Tenemos malas noticias y buenas noticias, ¿cuál quieres escuchar primero?", ¿qué has respondido? Yo siempre he escogido primero las malas noticias, con la esperanza de que luego la buena noticia alivie el problema. Pero te confieso que cuando se trataba del evangelio hacía una excepción, y solo quería las buenas noticias.

Me conformaba con saber que Cristo había muerto por mis pecados y que tenía un plan maravilloso para mí. Sabía que era una pecadora y que necesitaba ayuda, pero no entendía la realidad de mi condición. Mucho menos entendía la grandeza de la santidad de Dios, ni la magnitud de mi rebelión contra este Dios —tres veces santo— que condena el pecado. Las malas noticias que conocía en realidad no parecían horrorosas.

No me creía tan "mala" porque me consideraba una "niña de iglesia". Hasta que la Palabra de Dios, como un espejo, me mostró la verdad. No podía creer lo que me mostró. Cuando me acerqué a la Biblia para ver mi condición, pensé que iba a ver una versión caribeña de la bella durmiente; pero el espejo me mostró otra cosa, me mostró a una muerta. 💀

El hecho de no entender la dimensión de mi horrible condición me impedía apreciar la buena noticia del evangelio. Porque para valorar lo que Cristo hizo por nosotras, primero necesitamos ver con ojos abiertos la realidad de quiénes somos. Así que echemos un vistazo al lado oscuro y veamos cómo la caída de Adán y Eva en el Edén rompió la comunión de Dios con el hombre y dañó todas las cosas.

Mira este retrato de nuestra condición sin Cristo que nos presenta la Palabra de Dios (y no leas los versículos apresuradamente; dedica tiempo a buscarlos y leerlos en tu Biblia):

- Estamos separadas de Dios (Romanos 3:23, Efesios 2:12).
- Somos enemigas de Dios (Colosenses 1:21, Romanos 5:10).
- Somos hijas de desobediencia (Efesios 2:2).
- Nos deleitamos y seguimos la corriente de este mundo (Efesios 2:3).
- Somos hijas de ira (Efesios 2:3).
- Somos incapaces de buscar a Dios y de hacer lo bueno (Salmo 14:3, Romanos 3:10).
- Estamos ciegas y no podemos ver la luz del evangelio (2 Corintios 4:3-4).

- Estamos muertas en nuestros delitos y pecados (Colosenses 2:13, Efesios 2:5).

¡Qué horror! Esta descripción no solo define al peor de los criminales, sino la condición de todo ser humano; y nosotras no somos la excepción. Ya sea que pienses que no has roto un plato o que eres la pecadora más profesional de todos los siglos, a causa de nuestro pecado lo único que merecemos es la condenación eterna y la separación de la gloria de Dios (Romanos 3:23). En Adán, nuestro pecado nos convirtió en enemigas (sí, leíste bien, ¡enemigas!) de Dios. Enemigas del Rey y Creador de todo cuanto existe.

Pero hay algo más tenebroso. Sin Cristo éramos el objeto de la ira de Dios. ¿Puedes imaginarte el furor de la ira de un Dios todopoderoso? Peor aún, por más que nos esforzáramos, éramos incapaces de hacer algo suficientemente bueno que recibiera la aprobación de Dios. Y por supuesto, no había forma alguna de alcanzar su medida. No podíamos alcanzar la justicia y la santidad que Dios exigía. Nuestro pecado convirtió todas nuestras obras en trapos sucios (Isaías 64:6). ¡Eso es deprimente!

¿Te das cuenta de cuán espantosa era nuestra realidad? Un muerto no puede hacer nada por sí mismo. Lo que necesitábamos no era una medicina; necesitábamos una resurrección.

¡BUENAS NOTICIAS!

¡Buenas noticias, por favor! En medio de la oscuridad que el pecado trajo a la humanidad, Dios prometió que vendría Uno que destruiría el poder de la muerte (Génesis 3:15). Uno mejor que Adán, que vendría a salvarnos de nuestra horrenda condición, y de las consecuencias que merecíamos (¡qué alivio!). Y a lo largo de toda la Escritura vemos cómo Dios levantó hombres que apuntaron a ese Salvador. ¡Cristo es el cumplimiento de la promesa de Dios! Él es la verdad encarnada que vino a rescatarnos del abismo que nos separaba de Dios.

Desde Génesis hasta Apocalipsis, la revelación de Dios es Cristo. Cada personaje de la Biblia —de los que probablemente aprendiste en la escuela dominical o en las películas cristianas que se transmitían durante la semana santa— es solo una sombra del mejor y verdadero. Me encanta como el pastor Tim Keller resume cómo todo apunta a Él.

* *Hay un mejor y verdadero Adán, que pasó la prueba en el huerto y cuya obediencia se nos confiere.*

* *Hay un mejor y verdadero Abraham, que contestó el llamado de Dios para dejar toda comodidad y lo que le era conocido para saltar al vacío y formar un nuevo pueblo de Dios.*

* *Hay un mejor y verdadero Isaac. El hijo de risa, de gracia que no solo fue ofrecido por su padre en el monte, sino que verdaderamente fue sacrificado por nosotros.*

* *Hay un mejor y verdadero José, quien a la diestra del Rey perdona a los que le traicionaron y vendieron, y usa su nuevo poder para salvarlos.*

* *Hay un mejor y verdadero Moisés, que se pone en la brecha entre el pueblo y el Señor, y es mediador de un nuevo pacto.*

* *Hay un mejor y verdadero David, cuya victoria se convierte en la victoria del pueblo aunque ellos ni siquiera levantaron una piedra.*

* *Hay un mejor y verdadero cordero pascual: inocente, perfecto, indefenso, inmolado para que el ángel de la muerte pasara de largo.*

* *Él es el verdadero templo, el verdadero profeta, sacerdote y rey, el verdadero cordero y sacrificio, la luz verdadera y el pan verdadero.*[1]

---

1. Tim Keller, tomado de un sermón predicado en la Conferencia Nacional 2007 de The Gospel Coalition (Coalición para el Evangelio), citado en el artículo de Steven Morales, "La Biblia no es una serie de historias desconectadas", consultado el 6 de septiembre de 2019, https://www.coalicionporelevangelio.org/articulo/la-biblia-no-es-una-serie-de-historia-desconectadas/.

has Nacido de nuevo mediante la Palabra de Dios

1 PEDRO 1:23

(NBLA)

¿Ves cómo cambia nuestra perspectiva cuando vemos cómo toda la Biblia apunta a Cristo?

El evangelio es el cumplimiento de la promesa de salvación, es la buena noticia de que en Cristo Dios envió la solución para el problema de nuestros pecados.

¡Qué maravillosa noticia! Dios envió a su Hijo para salvarnos de toda condenación. Jesús descendió de su trono, tomó forma de siervo, semejante a nosotros.

Él vivió una vida perfecta y obedeció a Dios en todo.

Algo que ni tú ni yo íbamos a poder lograr jamás. Él cumplió las 613 leyes del Antiguo Testamento (¡sí, leíste bien, 613!), y siendo inocente recibió el castigo que nosotras merecíamos por nuestros pecados.

> "El evangelio es la buena noticia de que en Cristo Dios envió la solución para el problema de nuestros pecados".

El Justo fue a la cruz por nuestra injusticia y murió en el lugar que nos correspondía a nosotras.

Pero la historia no terminó ahí.

La buena noticia es en realidad muy buena porque Él no se quedó en la tumba.

Él se levantó y conquistó el poder de la muerte. Su resurrección es la garantía de que Dios aceptó su sacrificio en nuestro lugar y le concedió la victoria sobre todo poder.

Jesús vivió, murió y resucitó en nuestro lugar.

La verdad del evangelio no solo restaura nuestra relación con Dios en esta tierra, sino que nos da una esperanza que va más allá de este mundo. ¡Cristo volverá y restaurará todas las cosas! Ya no más muerte, dolor ni pecado, solo gozo en su presencia por toda la eternidad. ¡El final feliz que todas anhelamos!

¿CÓMO ME TRANSFORMA LA VERDAD DEL EVANGELIO?

Cuando vemos la verdad acerca de nuestra horrible condición y la hermosa obra de Cristo para salvarnos, todas las mentiras que hemos creído acerca del evangelio se desvanecen. ¿Has identificado alguna? Yo sí.

Soy libre del error que me hacía creer que el evangelio era un listado de reglas que debía cumplir para ganarme la salvación o el poder de Dios para crear una versión mejorada de mí misma. Puedo entender que no se trata de la prosperidad que pueda obtener en este mundo. Sé que no se limita a la repetición de una oración de rodillas en un altar. ¡Era una muerta que no podía hacer nada por sí misma y que resucitó gracias a Aquel que venció la muerte!

El evangelio me coloca a los pies de la cruz porque me recuerda que no hay absolutamente nada que yo pueda hacer para merecer o ganar una salvación tan grande. Aplasta mi orgullo y me humilla para reconocer que solo Dios es digno de gloria. Me ayuda a entender que alguien sin vida no puede amar, que si hoy le amo es sencillamente porque Él me amó primero (1 Juan 4:19). Me recuerda que mi amor por Cristo es una respuesta ante la obra que Él inició en mí.

TODO CAMBIA

¿Lo ves? ¡La verdad del evangelio lo transforma absolutamente todo! Cambia nuestros deseos, nuestras prioridades, cambia nuestros corazones. Nos traslada de la oscuridad a la luz, del error a la verdad, de la muerte a la vida.

Sin embargo, si somos sinceras, hay que reconocer que a veces no es tan fácil conectar el evangelio con la vida cotidiana. Yo te confieso que era mucho más fácil para mí conformarme con la superficialidad que caracterizaba a las jóvenes de mi generación que afirmar mi identidad en estas verdades tan profundas.

Durante muchos años, yo parecía un árbol débil en medio de un huracán, por no alimentar mis raíces con la verdad que Dios ha dicho acerca de mí en Su Palabra.

¿Sabes lo que me ayuda a mantenerme firme cuando mis emociones quieren engañarme o cuando la presión del mundo me grita mentiras acerca de mi valor o propósito? Recordar lo que Cristo hizo, traer a mi mente lo que soy en Él, y todos los beneficios que Él me ha otorgado al salvarme.

¡Esto es completamente contracultural! Por eso quiero retarte a que llenes tu mente con estas verdades, aunque te suenen a sermón de domingo. ¿Sabes por qué? Porque no quiero que seas como esa mujer anciana que en su lecho de muerte se enteró que muchos años antes un pariente le había dejado una herencia millonaria y por desconocimiento vivió en pobreza toda su vida. ¡Creer la verdad te ofrece una vida abundante!

VIVE A LA LUZ DE LA VERDAD

Perteneces a un nuevo reino

¡En Cristo ya no eres esclava del pecado! En otro tiempo el pecado nos daba órdenes y nosotras obedecíamos. No teníamos otra opción que vivir, encadenadas a ese pecado en el que resbalábamos una y otra vez.

Pero Cristo rompió esas cadenas. Ya no somos esclavas del dominio del pecado porque el mismo poder que lo resucitó a Él de los muertos nos capacita para agradar a Dios y vivir en libertad (Juan 8:36, Romanos 8:11). Ya no tienes que vivir atada a ese pecado que secretamente te roba la libertad.

¡Eres libre!

Cristo pagó el precio de nuestra libertad con su sangre. Ya no somos esclavas. *Jesús nos redimió en la cruz* (Efesios 1:7).

Perteneces a una nueva familia

El pecado nos dejó heridas, huérfanas, desamparadas y desprotegidas. Por eso la mayoría de las jóvenes hacen lo que sea por sentir que "pertenecen a algo o a alguien". Sin embargo, nosotras no tenemos que ir detrás de una falsa ilusión de refugio. Dios mostró su gran amor para con nosotras al escogernos desde antes de la fundación del mundo para que fuéramos suyas a través de Su Hijo (Efesios 1:3-6).

Dios nos salvó y nos adoptó como hijas. Él es nuestro Padre y en Él tenemos todo lo que necesitamos. En Cristo *hemos sido adoptadas en la familia de Dios* (Juan 1:12). Ahora los beneficios que Cristo goza como Hijo de Dios son nuestros, en virtud de su obra a nuestro favor. ¡Somos coherederas con Cristo! (Romanos 8:17, Gálatas 4:7).

No necesitamos mendigar las migajas que ofrece el mundo. No tenemos que buscar aceptación en ningún otro lugar. Tenemos un lugar en la mesa de nuestro Padre, el Rey de reyes. ¿Qué mejor que eso?

¡Hay más beneficios!

Jesús no solo murió por nosotras. Él también vivió una vida perfecta en nuestro lugar y al resucitar nos ofreció el intercambio más grande que pueda existir. El tomó nuestras vestiduras manchadas por el pecado y nos entregó su vestidura santa. ¡Una transformación total! Nos vistió con todos los beneficios de su vida perfecta, su muerte y resurrección (Isaías 61:10, Apocalipsis 3:4).

> "No necesitamos mendigar las migajas que ofrece el mundo. Tenemos un lugar en la mesa de nuestro Padre, el Rey de reyes".

Ahora *estamos vestidas de la justicia y de la perfección de Cristo*, las 24 horas del día y los 7 días de la semana (2 Corintios 5:21, 1 Juan 2:1)

Somos libres del cansancio que produce tener que estar tratando de complacer a Dios para ganar su favor, porque toda la aprobación que Cristo ganó ahora es nuestra (Romanos 5:1). Él tachó la calificación de "insuficiente" en nuestro reporte de calificaciones y puso la calificación de "sobresaliente" que Él se ganó. ¡Vaya! Cristo llenó la medida. Él nos declara justas.

¿Algo más? En Cristo también *hemos sido separadas para Dios*. Es maravilloso saber que la santidad de Cristo ahora es nuestra identidad y también es nuestro llamado. Cuando Dios te ve, ¿sabes lo que percibe? ¡La santidad de Cristo! Lo mejor es que no nos deja como estamos, Él también ha prometido hacernos cada día más como Él. ¿No te parece asombroso?

Cuando te sientas desanimada por tu debilidad, puedes aferrarte a su promesa: Dios está formando en ti la imagen de Cristo.

Además, tenemos lo que nuestros corazones anhelan: *somos amadas y aceptadas*. Cristo cargó con toda la ira de Dios que pesaba sobre nosotras (Hebreos 2:17, Juan 3:36). ¡Dios no está enojado con nosotras! Su sacrificio perfecto aplacó toda la ira de Dios que pesaba sobre nuestros hombros. Ahora, en lugar de huir de Él, podemos correr confiadamente ante su trono sabiendo que recibiremos la gracia y el socorro que necesitamos (Hebreos 4:16).

Cristo quita de nosotras el letrero que dice: culpable, injusta, esclava, huérfana, enemiga y muerta en pecado; y nos coloca uno que dice: libre, justa, adoptada, hija, resucitada en Cristo.

¡Tenemos una identidad y un propósito! Somos posesión exclusiva de Dios para dar a conocer la bondad que nos ha sacado de la oscuridad y nos ha traído a su luz admirable (1 Pedro 2:9).

¡Siento que mi cerebro va a explotar! Estas son verdades que necesitamos procesar, porque son indispensables para afirmarnos en la verdad.

El mundo te gritará mentiras acerca de tu identidad. Probablemente serán voces de personas que admiras o de fuentes que parecen confiables. Se sentirán como fuertes ráfagas de viento, pero ninguna de ellas te derribará si permaneces firme en la verdad de la obra que hizo Cristo a tu favor.

¿CÓMO RESPONDERÁS?

Una vez que reconocemos las malas noticias de nuestra condición y que conocemos las buenas noticias de la obra de Cristo, la pregunta que sigue es ¿cómo debo responder?

La única manera de responder ante esta buena noticia es creyéndola por la fe. No existe un tutorial de YouTube, no hay una serie de pasos ni atajos.

> Porque por gracia ustedes han sido salvados por medio de
> la fe, y esto no procede de ustedes, *sino que es* don de Dios;
> no por obras, para que nadie se gloríe (Efesios 2:8-9).

Creemos el evangelio por la fe, y la fe es un regalo de Dios; es un cambio de corazón. ¡Qué gran misterio! Dios quita de nosotras el corazón muerto, de piedra; y nos da un corazón nuevo que ahora vive para Dios. ¡Ese es el mayor y más grandioso de todos los milagros! (Ezequiel 36:26)

Si hasta este momento te has dado cuenta de que necesitas ese cambio de corazón, quiero invitarte a hacer una pausa para presentarte delante de Dios en arrepentimiento. Reconoce tu incapacidad para salvarte y pídele que te dé ojos para ver a Cristo como tu Salvador. Deposita toda tu confianza en su sacrificio en la cruz y en su poder para darte una nueva vida en Él. Cuando Dios nos da la fe para creer en Cristo, el Espíritu Santo comienza a morar en nuestro interior y nos capacita para vivir conforme a Su voluntad. ¿No es eso increíble, que el Dios creador de los cielos y la tierra venga a morar en nosotras?

> "Cuando Dios nos da la fe para creer en Cristo, el Espíritu Santo comienza a morar en nuestro interior y nos capacita para vivir conforme a Su voluntad".

Si ya eres una hija de Dios, quiero unirme al ruego del apóstol Pablo:

> … les ruego por las misericordias de Dios [por todo lo que Cristo ha hecho a tu favor] que presenten sus cuerpos *como* sacrificio vivo y santo, aceptable a Dios, *que es* el culto racional de ustedes [esta es la respuesta lógica ante tanta misericordia]. Y no se adapten a este mundo [no imites las costumbres de este mundo ni te amoldes a su patrón], sino transfórmense mediante la renovación de su mente [que la verdad de la Palabra de Dios renueve tu mente y transforme tus acciones], para que verifiquen [para que conozcas y ames] cuál es la voluntad de Dios: lo que es bueno y aceptable y perfecto (Romanos 12:1-2).

Haz una pausa y medita en todo lo que Cristo ha hecho por ti, y pídele que aumente tu asombro ante su misericordia y que como resultado te ayude a conformar tu vida a la verdad. Ora por convicción de pecado en las áreas en las que tienes que arrepentirte, y pide que te ayude a vivir a la luz de la identidad que Él ha provisto para ti. ¡El evangelio es el motor que impulsa todo lo que hacemos para Dios!

Hazlo personal

- ¿Las cosas que consumes pasan por el filtro de la Palabra de Dios o solo usas tu lógica?

- ¿Estás dispuesta a poner a un lado tus convicciones y a rendirte a la autoridad de la Palabra de Dios?

- ¿Por qué es el evangelio el punto de partida de nuestro camino a la verdad?

- Lee Romanos 12:1-2. ¿De qué manera puedes tú presentar tu vida en ofrenda a Dios por lo que Él ha hecho por ti? ¿De qué maneras prácticas puedes evitar adaptarte al mundo en tu día a día?

tres

¿DÓNDE SE ENCUENTRA LA VERDAD?

por Erin Davis

*F*ue una chica mala quien me presentó a Jesús por primera vez. Había tenido un día difícil en la escuela. Una "amiga" que se había vuelto una "amienemiga" habló a mis espaldas, divulgó rumores que no eran ciertos y me hizo sentir desdichada. Cuando me desplomé en mi cama y lloré desconsolada sobre mi almohada, de repente me pareció que una pequeña Biblia rosa me llamaba desde la repisa de libros. No fue un sonido audible, sino un sutil llamado que me atrajo a la Palabra de Dios y sentí en mi corazón, algo que nunca antes había experimentado.

Si en ese momento me hubieras preguntado: "¿Qué es la verdad?", me habría quedado mirándote desconcertada con mis ojos llenos de lágrimas. Todavía no era cristiana. No sabía distinguir entre un salmo y un proverbio, era incapaz de explicar el evangelio, y no tenía idea de cómo la Palabra de Dios iba a transformarme. Solo sabía que necesitaba consuelo y pensé que la Biblia podía ser un buen recurso.

> "No sabía dónde buscar. Hasta que la verdad vino a buscarme".

Descubrir lo que era verdad…

* acerca de Dios…

* acerca de mí…

* acerca del mundo a mi alrededor…

…me pareció que era una misión imposible. No sabía dónde buscar. Hasta que la verdad vino a *buscarme*.

Ya basta de hablar de mí. Hablemos de ti. ¿Dónde buscas tú verdad?

* ¿Buscas constantemente en las redes sociales como un intento por descubrir qué es verdad acerca del mundo que te rodea?

* ¿Te basas en lo que otras personas te muestran para determinar lo que es verdad acerca de quién eres?

* ¿Dependes de la ayuda de tus padres o amigos para saber lo que crees?

* ¿Confías que tus sentimientos te dicten lo que es verdad?

Si quieres conocer la verdad, pero no estás segura dónde acudir para encontrarla, has llegado al lugar correcto. ¡Aquí no hay chicas malas! Estoy aquí para animarte con brazos abiertos y una gran sonrisa. Estoy ansiosa por ayudarte a descubrir la respuesta a la pregunta: "¿Dónde está la verdad?". ¿Estás lista? ¡Vamos!

LA. PALABRA. ¡ERA DIOS!

Busca en tu Biblia Juan 1:1. Escucha cómo el apóstol Juan describe el principio de todo.

> En el principio la Palabra ya existía. La Palabra estaba con Dios, y la Palabra era Dios (Juan 1:1, NTV).

Es posible que conozcas este pasaje. A primera vista puede parecer una idea sencilla. Sin embargo, a veces cuando algo se vuelve conocido lo leemos de prisa y dejamos de prestarle atención. Esta sola frase en realidad abunda en asombrosa verdad. Vamos a desglosarla.

"En el principio la Palabra ya existía".

P: ¿Cuándo se originó la Palabra?
R: En el principio.

La Biblia que usas no siempre ha existido. Las palabras que contiene fueron escritas por hombres que todavía no habían nacido en el principio del tiempo. Los libros de la Biblia fueron compilados mucho más adelante. Así pues, ¿cómo puede ser que la Palabra estuviera con Dios desde el principio de todo? Volvamos a lo que dice al final el versículo para descubrirlo.

"La Palabra era Dios".

¿Me permites reescribirlo al estilo Erin? La. Palabra. ¡ERA DIOS! (¡Esto es asombroso!).
La Palabra no es solo un libro.
No es una simple colección de libros.
No es algo que ponemos en una cubierta rosa y dejamos en una repisa.

La Palabra es una persona. ¡Esa persona es Jesús! Mira otros pasajes de las Escrituras que lo describen de esta manera.

Entonces la Palabra se hizo hombre y vino a vivir entre nosotros. Estaba lleno de amor inagotable y fidelidad. Y hemos visto su gloria, la gloria del único Hijo del Padre (Juan 1:14, NTV).

Llevaba puesta una túnica bañada de sangre, y su título era "la Palabra de Dios" (Apocalipsis 19:13, NTV).

Jesús es la Palabra de Dios, pero ¿cómo ayuda esto a nuestro deseo de conocer la verdad? Escucha lo que Él dijo en su oración por nosotras en Juan 17:17.

"Santifícalos en la verdad; *Tu palabra es verdad*" (cursivas añadidas).

Conectemos los puntos.

LA PALABRA DE DIOS ES VERDAD

Los cristianos no solo creemos que la Biblia es *verdad*, sino que la consideramos la fuente de toda verdad. La Biblia es un pozo profundo. Cuando nos preguntamos qué es verdad acerca de nosotras mismas o del mundo que nos rodea, podemos lanzar nuestros baldes en la Palabra de Dios, y cada vez que lo hacemos extraemos de ese pozo verdad profunda.

> "La Biblia no es simplemente un libro de historia. No es un simple libro de autoayuda que fue escrito para que nos convirtamos en mejores seres humanos. Dios nos ha dado Su Palabra para que podamos saber quién es Él".

Jesús es la Palabra

Ya seas una chica en escuela intermedia con un corazón roto o una mujer mucho mayor (bueno...) como yo, que intenta vivir para aquello para lo cual fue creada, todas estamos en busca de la verdad. Como has leído en los capítulos anteriores, solo podemos empezar a encontrar las respuestas cuando acudimos a la persona de Jesús.

El rompecabezas de 66 piezas

Conforme batallamos con la pregunta: "¿Dónde está la verdad?", es probable que ya hayas captado la respuesta abreviada: La Biblia. Pero a veces olvidamos, ¿no es así? Como pecadoras que somos, nuestra tendencia es ceder al impulso natural de buscar la verdad en otras partes. Resistamos ese impulso considerando por qué Dios nos dio Su Palabra. Para llegar a ello, pensemos en un rompecabezas.

Mi idea de cielo es un día de lluvia para armar rompecabezas. Me fascina vaciar la caja llena de piezas sobre una mesa y luego, lenta y meticulosamente, armarlas hasta formar un cuadro completo.

La Biblia es mi rompecabezas favorito. Cada uno de los 66 libros del Antiguo y Nuevo Testamentos constituye una pieza. A medida que los leemos, los estudiamos y los memorizamos, básicamente damos la vuelta a una pieza del rompecabezas. ¿Y cuál es la imagen que estamos armando? *La imagen de Dios.*

El propósito de la Biblia es revelar quién es Dios. Espera. Déjame decirlo de nuevo. El propósito de la Biblia es revelar quién es Dios.

La Biblia no es simplemente un libro de historia. No es un simple libro de autoayuda que fue escrito para que nos convirtamos en mejores seres humanos. Dios nos ha dado Su Palabra para que podamos saber quién es Él.

Cuando nos saltamos apartes de la Biblia o solo prestamos atención a las partes que entendemos, nos perdemos una parte del rompecabezas. El resultado puede ser un cuadro incompleto de quién es Dios. Puesto que Dios es la fuente de verdad, esto nos puede llevar a una comprensión endeble o equivocada de lo que es verdad.

PODEMOS CONOCER A DIOS

Sí, ¡Dios es inmenso! Cierto, Él es misterioso. Nunca vamos a comprender todo acerca de Él en este lado del cielo. Sin embargo, Él no se ha ocultado de nosotros. Él nos invita a que lo conozcamos. Esto significa que Él nos invita a conocer su verdad.

Escucha.

- "No tendrán que enseñar más cada uno a su prójimo y cada cual a su hermano, diciéndole: 'Conoce al Señor', porque todos me conocerán, desde el más pequeño de ellos hasta el más grande', declara el Señor" (Jeremías 31:34).

- "Estén quietos, y sepan que Yo soy Dios" (Salmo 46:10).

• "Amo a los que me aman, y los que me buscan con diligencia me hallarán" (Proverbios 8:17).

A todo lo largo de las Escrituras resuena este mensaje: Mi pueblo puede conocerme. Mi pueblo puede conocerme. Mi pueblo puede conocerme.

¡Podemos conocer a Dios! ¿Cómo? Por medio de Su Palabra. Y puesto que Dios es la fuente de toda verdad, entre más lo conocemos, más nos arraigamos y cimentamos en la Palabra. Y mientras lees estas palabras, puede que asientas con la cabeza. Puede que pienses:

"¡Sí! ¡La Palabra de Dios es verdad!".
"Quiero conocer a Dios por medio de Su Palabra".

O quizá te parezcas más a mí cuando empecé a leer la Biblia. Puede que no entiendas mucho lo que lees. Puede ser que todavía tengas más preguntas que respuestas, pero en tu búsqueda de la verdad estás dispuesta a abrir tu Biblia y a escuchar lo que Dios dice en Su Palabra.

Sea cual sea tu situación personal, todas necesitamos recordatorios frecuentes de la necesidad de abrir nuestra Biblia cuando buscamos la verdad. Y conforme decidimos a diario abrir nuestras Biblias, poco a poco seremos transformadas, porque entre más conocemos el carácter de Dios, más podemos reestructurar nuestra vida para ser como Él.

> "La Palabra de Dios es el mapa de ruta que nos muestra quiénes hemos de ser".

La Palabra de Dios es el mapa de ruta que nos muestra quiénes hemos de ser. Escucha las palabras del profeta Isaías que están registradas en Isaías 43:6-7:

Diré al norte: "Entréga*los*";
Y al sur: "No *los* retengas".
Trae a Mis hijos desde lejos
Y a Mis hijas desde los confines de la tierra

A todo el que es llamado por Mi nombre
Y a quien he creado para Mi gloria,
A quien he formado y a quien he hecho.

Toma tu Biblia y vuelve a leer este pasaje. Subraya el versículo 7.

Este versículo aborda la pregunta más fundamental que podamos hacernos: "¿Por qué existo?". La respuesta está en ese pasaje, como si nos mirara fijamente. Fuimos hechas para dar gloria a Dios. Génesis 1:27 nos dice cómo se lleva esto a cabo: Siendo portadoras de su imagen, siendo como Él.

¿Cómo podemos ser como Dios si no le conocemos? Entre más veas su carácter a través de Su Palabra, más puedes reflejar Su imagen y darle gloria.

¿Acaso no deseas acudir a la verdad de la Palabra de Dios? Aquí hay algunas razones para que hagas de la lectura de la Biblia una prioridad.

Es una manera de hablar con Dios y escuchar Su voz.

¿No te encantaría sentarte a tomar un café con Dios y escuchar lo que sale de Su corazón? Bueno, ¡tú puedes! O algo así… Me temo que en este lado del cielo no podemos tomarnos un café con Dios (aunque por supuesto, ¡espero que haya café en el cielo!). En cambio, sí puedes escuchar a Dios a través de Su Palabra.

¿Sabías que 2 Timoteo 3:16 dice que *toda* la Escritura es inspirada por Dios? No son solo las ideas de Dios o lo que alguien se imagina que Dios diría.

En 1 Tesalonicenses 2:13, Pablo lo expresó así: "Por esto también nosotros sin cesar damos gracias a Dios de que cuando recibieron la palabra de Dios que oyeron de nosotros, la *aceptaron no como la palabra de hombres, sino como lo que realmente es, la palabra de Dios*, la cual también hace su obra en ustedes los que creen" (cursivas añadidas).

Sí, los hombres juegan un papel en el registro escrito de la Biblia, pero Pablo nos recuerda que no son palabras de hombres, sino que es en definitiva la Palabra de Dios. Es el pensamiento de Dios expresado en sus propias palabras. Si quieres saber de Dios, ¡la Biblia es una gran fuente para lograrlo!

La Biblia es una buena maestra.

¿Cómo se llega a conocer al Dios del universo? ¿Cómo podemos estudiar fuera de un salón de clases de escuela dominical?

La respuesta es, sí, lo has adivinado, ¡mediante la lectura de la Biblia!

En 2 Timoteo 3:16 se nos dice que toda la Escritura es útil para enseñar y para instruir en justicia. Romanos 15:4 dice que la Palabra fue escrita para nuestra instrucción.

El mejor lugar para aprender sobre Dios no es a través de nuestros sentimientos. No es a través de lo que otras personas nos digan acerca de Dios. Ni siquiera es a través de excelentes libros acerca de Dios. En el estudio de Dios, la Biblia es nuestra mejor maestra.

La Biblia está viva.

Hebreos 4:12 nos dice que la Palabra de Dios es "viva y eficaz".

Mi Biblia no respira. No tiene un corazón que late. Últimamente no he notado que haga algún salto. ¿Qué quiere decir este pasaje cuando describe la Biblia como "viva y eficaz"?

Esto significa que es algo más que un libro. Las palabras de la Biblia no cambian, pero su efecto en nosotras sí. Es el único libro escrito que puede ser de relevancia para cada etapa de nuestra vida y que nos presenta la verdad a la medida de cada necesidad.

La Biblia es un buen cirujano.

El resto de Hebreos 4:12 nos dice que la Palabra de Dios es "más cortante que cualquier espada de dos filos; penetra hasta la división del alma y del espíritu, de las coyunturas y los tuétanos, y es poderosa para discernir los pensamientos y las intenciones del corazón".

Este versículo describe la Biblia como una espada muy afilada.

Hace más que simplemente entretenernos, iluminarnos o informarnos. Cuando leemos la Biblia, ella opera las partes de nuestro ser

EN EL PRINCIPIO
la Palabra
YA EXISTÍA.
La Palabra
ESTABA CON DIOS.
y la Palabra
ERA DIOS.

JUAN 1:1
(NTV)

que tienen que someterse a Dios, dejándonos más saludables, con un corazón y una vida más santa.

Si hay basura que no debería estar en tu vida (pista: todas la tenemos), necesitas que la Biblia opere.

¡La Biblia nos alienta!

Romanos 15:4 dice: "Porque todo lo que fue escrito en tiempos pasados, para nuestra enseñanza se escribió, a fin de que por medio de la paciencia y del consuelo de las Escrituras tengamos esperanza".

La Biblia está diseñada para ser una gran fuente de aliento y esperanza. Es cierto que no todos los pasajes en la Biblia nos dan ánimo, pero los temas principales de la Biblia acerca de que Dios nos ama, que está dispuesto a perdonarnos, que está preparando un lugar para nosotras, y que con el tiempo derrotará todo lo que nos aflige, deben confortarnos e inspirarnos.

¿Necesitas aliento? Abre tu Biblia.

Funciona como una lupa.

Además de asegurarnos de que la Biblia es inspirada por Dios y útil para enseñar, 2 Timoteo 3:16 nos dice que es útil para "reprender y corregir". Esa es una forma elegante de decir que pone una lupa sobre nuestro pecado.

No soy muy buena para ver mi propio pecado. Es muy fácil justificarse, inventar excusas y comparar. Sin embargo, el pecado (incluso el pecado que yo no veo) funciona como ácido que carcome mi ser. Si no se controla, el pecado puede acabar por destruirme. Por eso estoy agradecida que la Biblia tenga el poder para sacar a la luz mi pecado, aun el pecado que me resulta difícil ver.

La Biblia es un cinto.

En 1 Pedro 1:13 leemos: "Por tanto, ceñid los lomos vuestro entendimiento; sed sobrios, y esperad por completo en la gracia que se os traerá cuando Jesucristo sea manifestado" (RVR-1960).

¿Cuándo fue la última vez que utilizaste la expresión "ceñid los lomos" en una oración? No es un término que se utilice con frecuencia, pero es una imagen que nos presenta la idea de asegurar la ropa con un cinturón, de prepararse para la acción, de tener todo ajustado y listo. La función de un cinto es asegurar, sostener y rodear.

La Palabra de Dios tiene el poder para protegernos de los enemigos que podemos ver y de los enemigos que no podemos ver. Nos prepara para vivir nuestras vidas para Cristo, pase lo que pase. Nos rodea y nos sostiene cuando nuestro mundo comienza a girar. Proporciona el pie seguro en un mundo roto.

La Biblia es un filtro.

Otra palabra para "rejilla" es "filtro". La Biblia es mucho más que una lista de reglas o historias. Puede ser un filtro que utilizas para ver la vida con más claridad. Puedes tomar las preguntas, dudas y preocupaciones que tienes a lo largo de tu vida y exprimirlas a través de la rejilla de la Palabra de Dios, y siempre encontrarás respuestas.

La Biblia es una correa.

He aquí un dato sorprendente: El 90% de las jóvenes de hogares cristianos terminan abandonando su fe. Si algo no cambia, es muy probable que tú seas una de esas chicas que crecieron en la iglesia, escucharon las enseñanzas de Jesús y pasaron años tratando de seguirle, pero que al final decidieron seguir un camino diferente.

La verdad de Dios tiene el poder para mantenerte conectada a Dios mismo. Pero aquí viene lo bueno, que realmente tienes que conocer la verdad de Dios para aferrarte a ella. Si no conoces la Palabra, si no cultivas el hábito de estudiar la verdad de Dios y de aplicarla a tus decisiones, y si no te "ciñes" con lo que Dios te enseña en toda la Biblia, te encontrarás desprotegida e insegura.

Si deseas permanecer firme ante las seducciones de este mundo, necesitas conocer, creer y vivir la Palabra de Dios.

LA VERDAD COMO UN CASTILLO

Los asistentes a los parques de atracciones a menudo experimentan algo que se llama "pies de museo". Es una sensación general de estar perdido o agotado que viene como resultado de pasar tiempo en un espacio tan amplio. El hecho de tener "pies de museo" puede dar a los visitantes una mala experiencia o llevarlos a abandonar el parque. Pero si los arquitectos incluyen un gran hito visual, como el castillo de Cenicienta, la tierra de la nave espacial en Epcot Center o el castillo de Hogwarts en la atracción de Harry Potter de Universal Studios, es menos probable que las personas se sientan abrumadas.

La Biblia funciona de la misma manera. La vida es muy amplia. Es fácil sentirse perdido o abrumado. Todas queremos a veces tirar la toalla. Pero cuando conocemos la verdad de Dios, estamos ancladas y a salvo de la sensación de "pies de museo". La verdad nos da un punto de referencia al cual podemos volver cuando nos sentimos solas, insignificantes o temerosas.

La Palabra de Dios es como nuestro castillo de cuento de hadas. Podemos acudir a él una y otra vez en busca de respuestas. Cuando nos sentimos desanimadas, podemos acudir a la Palabra de Dios y encontrar esperanza. Cuando tenemos miedo, podemos acudir a la Palabra de Dios y hallar paz. Cuando estamos confundidas, podemos acudir a la Palabra de Dios y encontrar respuestas.

> "La verdad nos libra de vivir a la deriva sin saber por qué estamos aquí. Es un ancla que nos sostiene firmes".

Esta es la razón por la cual Jesús nos hizo esta promesa: "Si ustedes permanecen en mi palabra, verdaderamente son mis discípulos; y conocerán la verdad, y la verdad los hará libres" (Juan 8:31-32).

La verdad nos libra de vivir a la deriva sin saber por qué estamos aquí. Es un ancla que nos sostiene firmes.

Aunque ha pasado mucho tiempo desde que una chica mala me motivó por primera vez a abrir mi pequeña Biblia rosa, todavía me pregunto "¿dónde está la verdad?". Todos los días me hago la pregunta. ¿Qué ha cambiado? ¡Ahora sé la respuesta!

- Dios es verdad.
- ¡Yo puedo conocer a Dios!
- Él se ha revelado por medio de Su Palabra.

Recuerdo el día que abrí mi Biblia por primera vez y comprendí que Jesús había usado una amistad en crisis para encender una chispa en mi corazón. Las ascuas fueron suficientes para mantenerme leyendo a lo largo de mi paso por la escuela intermedia y en la secundaria, cuando al fin entregué mi vida a Cristo. Ahora la verdad es una hoguera que consume mi vida. Junto con el salmista, yo declaro: "Mejor es para mí la ley de tu boca que millares de monedas de oro y plata" (Salmo 119:72). La Palabra de Dios se ha convertido en mi mayor tesoro. ¿Lo es también para ti?

Hazlo personal

- ¿Es la lectura de la Biblia un hábito diario para ti?
- ¿Cuál es el mayor obstáculo que te impide leer más la Palabra de Dios?
- Cuando estudias la Biblia, ¿qué pregunta surge con mayor frecuencia? ¿Cómo se relaciona esto con el propósito de la Escritura de revelar quién es Dios?
- Al mirar tu vida en retrospectiva, ¿qué ha usado Dios para atraerte a Su Palabra?
- ¿Qué paso puedes dar esta semana para afianzarte más en la verdad de la Palabra de Dios?

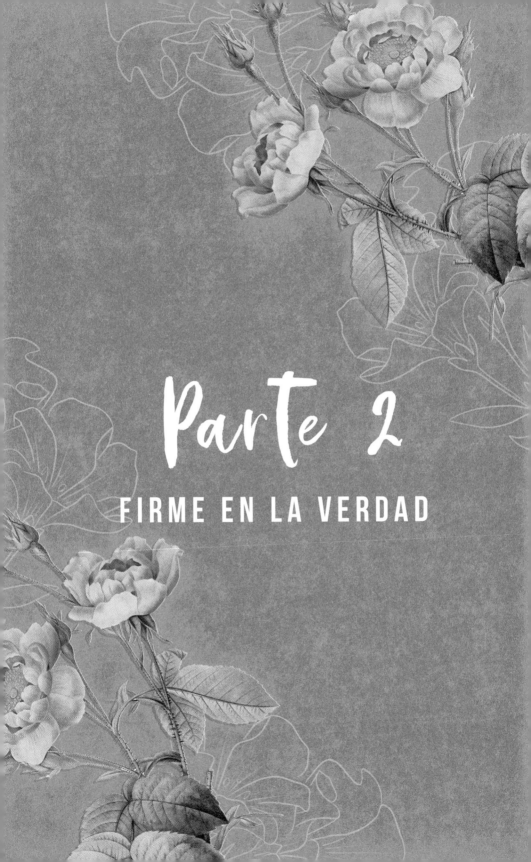

Parte 2

FIRME EN LA VERDAD

cuatro

DIOS HA PROVISTO TODO LO QUE NECESITO PARA ESTAR FIRME

por Aylín Michelén de Merck

Google ha sido una gran bendición para mí como mamá y ama de casa. En mis primeros años de casada me ayudaba con respuestas a preguntas como, "Google, ¿cómo cocino arroz en la estufa?" o, "Google, ¿cuál es la mejor receta para hacer fondue de chocolate?"

Mientras más pasa el tiempo, más uso Google. Pinterest me ayuda con mil y una ideas para organizar mi casa, como recetas para alimentar a mi familia que sufre muchas alergias alimentarias, e incluso sugerencias para planificar los cumpleaños de mis hijos. YouTube, por otro lado, me ayuda con tutoriales paso a paso que me permiten hacer de todo y un poco más. ¿Una receta difícil? Ahí la encuentro. ¿Un adorno de navidad para la puerta de mi casa? Ahí lo encuentro. ¿Cómo escribir un libro para niños? Ahí lo encuentro todo.

Pocas cosas dan seguridad al alma perfeccionista como la certeza de saber cómo hacer algo. En el sentido contrario, pocas cosas le causan más ansiedad y temor como saber que es ignorante o incapaz de llevar a cabo una tarea importante. Pregúntame cómo lo sé.

Cuando era más joven realmente detestaba fallar y le tenía mucho temor al fracaso. Quería crecer rápido, ya que pensaba que la edad me prometía algo: sabiduría, experiencia, madurez. "Aprenderé rápido de mis errores", me decía, y esto me infundía confianza. Era como ver un tutorial a la inversa. Aprendía lo que no debía hacer y eso me preparaba para saber qué hacer en una ocasión similar. De igual modo, estudiaba la Palabra con el propósito de saber qué pasos tenía que seguir para permanecer firme en Cristo.

¿PERMANECER EN CRISTO? ¿CÓMO ASÍ?

Quizás hayas escuchado en la iglesia al pastor hablar acerca de la idea de "permanecer en Cristo". O quizás hayas leído el libro de Juan y viste esa frase varias veces. ¿Sabes lo que significa?

Yo pensaba que permanecer en Cristo significaba leer mi Biblia, orar y obedecer los mandamientos de Dios. Me esforzaba arduamente por agradar a Dios, pero mi vida cristiana era una montaña rusa de altibajos. Me daba cuenta de que no era suficiente lo que hacía, y eso me entristecía y causaba mucha ansiedad. Pensaba que mi permanencia en Cristo dependía de mi actuación y desempeño. Por eso quería crecer y aprender de mis errores. Quería fracasar menos. Sin embargo, para permanecer en Cristo lo que necesitaba no era un mejor desempeño con menos caídas. Lo que necesitaba era aprender a vivir por fe. ¡Cuanto desearía haber entendido esto cuando tenía tu edad!

El Señor me había salvado cuando era niña y había puesto en mí un anhelo genuino de hacer su voluntad. Sin embargo, por muchos años traté de vivir la vida cristiana en mis propias fuerzas. No entendía del todo lo que significa vivir por fe como creyente. Pensaba que la fe era lo que necesitaba al principio de la vida cristiana. No entendía que era algo que necesitaba continuamente.

Vivir por fe es la clave de la vida cristiana. Es vital para cada aspecto de nuestra vida en Cristo. Es mi oración que este capítulo te ayude a comprender lo que esto significa y cómo ponerlo en práctica.

Permanecer en Cristo es otra manera de decir "cree en Cristo" (Juan 6:56). ¿Qué necesitas creer?

- Cree que Él te ha hecho una rama en Su vid, y que Él es todo lo que necesitas para suplir todas tus necesidades (Juan 15:5).

- Cree que Él dio su vida por ti y por eso te llama amiga.

- Cree que Él te guardará hasta el final (Judas 24).

- Cree que Él te ha libertado del pecado para correr por el camino de sus mandamientos (Salmo 119:32).

- Cree que te da la capacidad de vivir una vida que honra al Padre (Filipenses 4:13).

PERMANENCIA Y UNIÓN: NO SON LA MISMA COSA

Como explica Betsy en el capítulo 2, si has puesto tu fe en Cristo, vives un milagro. Cristo se ha unido a ti de tal modo que tú y Él son uno. Él está en ti y tú estás en Él (Gálatas 2:20; cf. Efesios 1). Así como una vid de uvas es una con sus ramas, nosotros somos uno con Cristo (Juan 15). Esa realidad nunca cambia. ¡Gloria a Dios!

Por eso es importante distinguir entre la permanencia en Cristo y nuestra unión con Él. John Piper, citando a Hudson Taylor, dijo una vez: "Nuestra unión [con Cristo] nunca se puede interrumpir, pero nuestro disfrute de ella sí".[1]

Me explico. Imagina que un día te entra la duda de si realmente eres hija de tu papá y de tu mamá. Comienzas a buscar fotos de cuando eras bebé para ver si te pareces a la bebé de las fotos. Cuando tu papá y tu mamá responden tus preguntas, en vez de escucharlos con confianza, te encuentras evaluando todo lo que te dicen para ver si realmente puedes creerles. ¿Cómo crees que eso afectaría tu capacidad de disfrutar a tus padres? Si durante esa etapa de duda te ofrecen un regalo, ¿lo tomarías con gran deleite? ¿O te preguntarías si tienen motivos ocultos? ¿Crees que querrías estar con ellos?

---

1. John Piper, "The Ministry of Hudson Taylor as Life in Christ", mensaje de la conferencia para pastores Desiring God 2014, consultado el 6 de septiembre de 2019, https://www.desiringgod.org/messages/the-ministry-of-hudson-taylor-as-life-in-christ#fn29.

Ahora bien, tus dudas en sí no alteran el hecho de que realmente eres su hija. Nada puede cambiar el hecho de que tienes su apellido, que ellos te adoptaron o que llevas sus genes en tus células. Lo que sí ha cambiado es cuánto aprecias el amor de ellos, el descanso que experimentas cuando sabes quiénes son ellos y por ende quién eres tú.

> "Nuestra unión con Cristo es para siempre".

De igual manera, si hemos puesto nuestra fe en Cristo, nada puede apartarnos del amor de Dios (Romanos 8:39). Nuestra unión con Cristo es para siempre. Necesitamos creer lo que Él dice y vivir de acuerdo con esto. No permanecemos con el fin de preservar la unión que Cristo nos dio. Permanecemos en Él porque Él nos ha unido a Sí mismo. Permanecemos a fin de disfrutar de quién es Dios y quién es Él para nosotras en Cristo.

En este capítulo veremos un obstáculo para que permanezcamos en Cristo y un prerrequisito importante para disfrutar cada vez más de Él. Primero miremos el obstáculo:

OBSTÁCULO: CREER EN TI MISMA

No sé si te suceda lo mismo, pero por muchos años mi esperanza subía y bajaba dependiendo de cómo evaluaba mi desempeño. Cuando me sentía cercana a Dios, estaba llena de confianza y gozo. Cuando me sentía fría espiritualmente y me veía cayendo en ciertas tentaciones, me desanimaba mucho, pues veía lo débil que era.

Pensaba mucho en *mi* desempeño, *mis* deseos, *mis* emociones. Pero pensar tanto en mí dejaba en evidencia dónde estaba puesta mi fe. Mi fe estaba puesta en mi fe y en lo que yo era capaz de hacer. Por eso mi esperanza subía y bajaba tanto, porque no soy un buen objeto de mi fe. Nadie lo es.

La realidad es que el único que ha vivido y que vivirá una vida que satisface al Padre es Su Hijo Amado. Si sólo Él satisface al Padre, entonces no hay necesidad más urgente que apropiarnos de Su vida como nuestra. ¡Gloria a Dios que esto es posible! Él nos ha dado Su vida (Col. 3:4), Su mente (Filipenses 2:5), y Sus afectos (Filipenses 1:8). Su Espíritu es nuestro y vive en nosotros. Su Espíritu produce amor, gozo, paz, paciencia, bondad, benignidad, fidelidad, mansedumbre y dominio propio (Gálatas 5:22-23).

Así que solo podemos tener una vida llena de frutos a través de Jesucristo. Cuando digo vivir por fe en Jesús no me refiero solamente a fe en lo que Cristo hizo cuando murió en la cruz, resucitó de los muertos y perdonó todos tus pecados. Hablo de fe en que Él vive en ti para producir una vida que honra al Padre.

Jesucristo: el objeto de nuestra fe

Solo Jesucristo merece ser el objeto de nuestra fe. Conocerlo a Él más y más llena nuestra alma de adoración y de esperanza. Mientras más conocemos lo que Él ama, lo que Él odia y todo lo que Él es, más aumenta nuestro gozo, porque al vivir Él en nosotras podemos amar lo que Él ama, odiar lo que Él odia y escoger la santidad.

Mira cómo la vida de fe en Cristo se manifiesta de manera práctica. Quizás entiendas que no debes ver ciertos shows de Netflix por su contenido inmoral. Percibes cómo afectan tus pensamientos y tus deseos. Sin embargo, sientes que no puedes parar de verlos. Sientes que tienen un control fuerte sobre ti.

En esos momentos puedes decir: "Sí, soy débil. En mis propias fuerzas soy incapaz de dejar de verlos. Pero ya no soy solo yo. Cristo vive en mí. Él es puro, y Él tiene el poder de pelear contra esta tentación, sin pecar. Creo que Su poder en mí me capacita para huir de la tentación y escoger otro camino… porque ya no soy solo yo. Siempre soy 'yo en Cristo y Cristo en mí'. Él no me ha dejado".

O permíteme darte otro ejemplo, porque quiero que puedas ver la gloriosa provisión que Dios te ha dado en Cristo. Quizá sientas una intensa envidia de tus amigas. Escuchas acerca de sus experiencias y no puedes alegrarte con ellas porque quieres tener lo que ellas tienen.

Por la gracia de Dios, reconoces que es una debilidad tuya. Sin embargo, al vivir por fe tu enfoque no es lo débil que eres. Si estás en Cristo, lo más importante acerca de ti no son tus debilidades sino las fortalezas de Cristo. ¿Es Cristo envidioso? No. ¿Se goza Él con los que se gozan? ¡Sí! ¿Es Él generoso? ¡Sí que lo es! ¿Está Él en ti? ¡Sí! Eso significa que Su capacidad de gozarse con los demás y Su generosidad son tuyas por la fe. Cree que no eres esclava de la envidia sino esclava de Cristo.

¿Dónde está tu fe?

¿Quieres saber dónde está tu fe? Responde estas preguntas:

> Cuando ves pecado en ti, ¿cuál es la tendencia de tu corazón? ¿En qué piensas con más frecuencia? ¿En Cristo y su provisión? ¿O en tu caída y tus fracasos?

La respuesta a estas preguntas te ayudará a saber dónde está tu fe: en Él o en ti.

Es bueno que te des cuenta de tu insuficiencia. Pero solo aprovecha si te lleva a permanecer en Cristo, a vivir por fe en Él. Solo quienes son conscientes de su incapacidad para vivir de una manera que honra a Dios realmente permanecen en Él.

"La única vida que glorifica a Dios es la vida de fe en Cristo".

Recuerda: La única vida que glorifica a Dios es la vida de fe en Cristo. Cuando intentamos obedecer creyendo en lo que nosotras solas podemos hacer, pecamos.

Cuando no vivimos por fe, pecamos (Romanos 14:23). Hebreos 11:6 lo dice claramente: "sin fe es imposible agradar a Dios". Cuando olvidamos o dejamos de creer que lo que Dios dice es cierto, no agradamos a nuestro Padre. Si no creemos en Él, Sus palabras no permanecen en nosotras.

Mientras más creas en Él y Sus palabras permanezcan en ti, mas producirás frutos que glorifican Su nombre. No importa las limitaciones que tengas ni las debilidades que enfrentes; si tienes al Hijo viviendo en ti, tienes todo lo que necesitas. No lo abandones pensando que Él no es suficiente, que necesitas algo más o que otras fuentes te pueden nutrir. Permanece en Cristo.

Cuando nuestra fe está puesta en nuestra propia fe, nos llena de ansiedad reconocer nuestra incapacidad e insuficiencia. Pero cuando nuestra fe está en Él, nuestro gozo más grande es descubrir cada vez más el poder absoluto de Cristo para hacer la voluntad del Padre. Mientras más descubrimos quién es Él y lo que Él puede hacer, nuestra esperanza crece sin temor. Todo lo que Él es y puede hacer es nuestro por la fe.

Creer en Él se evidencia en que somos conscientes de nuestra necesidad de Cristo. Esa es la segunda lección que mi Padre me ha enseñado en los últimos años. Sigue adelante al próximo punto para seguirte contando a qué me refiero.

PRERREQUISITO: MANTENTE DESESPERADA

Solo las personas desesperadas permanecen en Cristo. No quiero decir que sean personas desesperanzadas. Me refiero a personas que tienen una necesidad urgente, un deseo que solo una cosa, o mejor dicho una Persona, puede satisfacer.

Cristo dijo, "Como el Padre que vive me envió, y *Yo vivo por el Padre*, asimismo el que me come, él también vivirá por Mí" (Juan 6:57, cursivas añadidas). Cristo sabía que dependía del Padre para vivir en esta tierra. En sentido literal, solo el Padre lo revestía de poder, lo capacitaba y lo consolaba. Por eso se apartaba continuamente a estar con Él y hablar con Él (Lucas 5:16). Sin importar cuán cansado estuviera o cuánta agonía experimentara, estar con Su Padre era su lugar de mayor descanso y fortaleza (Lucas 22:41-44). Él sabía que no podía hacer nada apartado de su Padre. Cristo sabía que como Hijo necesitaba con urgencia a su Padre. Nunca olvidó esa necesidad.

Como Cristo sabía que solo vivía por Su Padre y por Su Palabra, dos características vitales lo describen:

1. Él se alimentaba de la Palabra.

2. Él apartaba tiempo a solas con su Padre.

Ahora, dado que en nosotras mora la vida de ese Hijo, tenemos la misma necesidad del Padre que tuvo el Hijo aquí en la tierra. Cuando dejamos de creer en nosotras mismas y creemos que solo vivimos por Jesús, hacemos todo lo que sea necesario para estar con Él.

Aliméntate de la Palabra de Dios

Cristo es el hombre bienaventurado del Salmo 1. Él meditaba en la ley de Dios de día y de noche. Ella era su delicia. Él conocía la Palabra perfectamente, de modo que al usarla pudo defenderse de todas las tentaciones, sin pecar (Mateo 4). Él conocía todas las promesas del Antiguo Testamento (Lucas 24:27). Cristo citaba a Moisés y a los profetas cuando enseñaba. Él sabía que como Hijo de Dios Él solo podía vivir por cada palabra que sale de la boca de Dios (Mateo 4:4).

Nosotras también somos hijas. Como tales, la única palabra que nos alimenta es la que sale de la boca de Dios. Permanecemos en Su Palabra cuando creemos que solo esta nos da vida (Juan 6:63).

> "Permanecemos en Su Palabra cuando creemos que solo esta nos da vida".

Ahora, la verdad es que muchas veces creemos que otras cosas nos dan vida. ¿Estamos tristes? Queremos hablar con una amiga. ¿Nos sentimos ansiosas? Nos comemos medio molde de *brownies*. ¿Estamos felices? Lo publicamos en Instagram. ¿Estamos deprimidas? Buscamos algo en Netflix para distraernos.

Pero, ¿qué pasaría si realmente creyéramos que solo Su Palabra nos da vida? ¿Cómo cambiarían nuestras decisiones diarias?

Quiero darte algunas ideas prácticas sobre cómo puedes nutrirte diariamente de la Palabra de Dios:

1. Lee la Biblia antes de tomar tu celular para revisar Facebook o Instagram.

2. Si no tienes mucho tiempo en las mañanas para estudiar un pasaje, lee un salmo o un proverbio.

3. Mientras te preparas para la escuela, escucha la Biblia en audio.

4. Dedica la semana a memorizar un pasaje de las Escrituras y los fines de semana a leer o estudiar más de lleno un libro de la Biblia.

5. Programa un recordatorio y lee un libro corto del Nuevo Testamento completo (como Colosenses, Efesios, 1 Pedro o 1 Juan). Mide cuánto tiempo te toma (no creo que sea más de 20 minutos).

Recuerda, nosotras no leemos la Biblia para mantenernos unidas a Cristo. Estamos unidas a Él de manera permanente por la fe. Y precisamente como vivimos solo por Él, necesitamos que Él nos alimente por Su Palabra.

Aparta tiempo a solas con tu Padre

Como dije anteriormente, Cristo buscaba todas las oportunidades posibles para estar con Su Padre y hablar con Él. A veces, sacrificaba incluso el sueño con ese propósito.

La vida de oración de Cristo me asombra. Nota algunos momentos en los que la Biblia revela que Él oraba:

- Oró cuando fue bautizado (Lucas 3:21).

- A veces oraba solo, en compañía de sus discípulos, y en medio de las multitudes (Marcos 1:35; Juan 17).

- A veces pasaba la noche entera orando (Lucas 6:12).

- Él oraba para bendecir a los niños (Mateo 19:13-14).

- Él oró antes de tomar decisiones cruciales como, por ejemplo, escoger a sus discípulos (Lucas 6:12).

- Antes de resucitar a Lázaro (Juan 11:41-42).

- Él oró cuando experimentó agonía (Lucas 22:42).

- Oró mientras agonizaba (Lucas 23:34; Mateo 27:46).

No solo de pan vivirá el hombre, sino de toda palabra que sale de la boca de Dios

MATEO 4:4

(NBLA)

- Después de la resurrección, bendijo los alimentos y a sus discí-pulos (Lucas 24:13-49).

Cristo oró a veces en silencio. Hubo ocasiones en las que sus oraciones fueron clamores a Dios. A veces sus oraciones eran cortas. Otras veces eran muy largas.

Si quieres crecer en tu vida de oración, te invito a que estudies detalladamente la vida de oración de Jesús. Su vida es tu vida. Él es más que un simple ejemplo para ti. Él es tu santidad. Mientras más conozcas cómo oraba Cristo, más serás transformada para poder orar como Él oró (2 Corintios 3:18).

Algunas ideas prácticas sobre cómo crecer en tu vida de oración:

1. Escribe tus oraciones.

2. Usa el acróstico ACTS (Adoración, Confesión, Testimonio de agradecimiento, y Súplica).

3. Acepta las invitaciones a orar que te hace el Espíritu Santo. Si Él te trae una persona a la mente, ora por ella. Si hay una pre-ocupación que no te abandona, úsala como una oportunidad para hablar con tu Padre.

4. Usa un calendario de oración. Por ejemplo: los lunes ora por tus padres y hermanos, los martes por tus pastores y profesores, los miércoles por tus familiares inconversos, etc.

5. Ora usando versículos de la Biblia. Toma un pasaje de las Escrituras y úsalo para guiar tu oración. Por ejemplo, toma Colosenses 1:9-12 y úsalo para orar por tu mamá: "Padre, te doy gracias porque le has permitido a mi mami ser partícipe de la herencia de los santos en luz. Te ruego que ella sea llena del conocimiento de Tu voluntad conforme ella vive cada día delante de ti. Tú conoces sus roles de esposa, madre, miembro de la iglesia y empleada. Muéstrale cuál es Tu voluntad en cada una de esas áreas. Que ella pueda andar como es digno de ti dando frutos que glorifiquen Tu nombre".

CRISTO ES SUFICIENTE

Este libro trata muchos temas importantes y relevantes para ti: pureza, relaciones, depresión, ansiedad. ¿Qué piensas cuando consideras estos temas? ¿Te sientes competente en cada una de esas áreas? O quizás te suceda lo opuesto. A medida que leas, quizás exclames junto al apóstol Pablo, ¡"para estas cosas, ¿quién es suficiente?!" (2 Corintios 2:16, RVR-1960). Es mi oración que cuando eso pase, puedas decir con confianza: "¡Cristo es suficiente!".

¿Te das cuenta? Tienes a Aquel que cumplió todos los mandamientos del Padre viviendo Su vida en ti. Su vida en ti es lo que te reviste de Su capacidad para tener emociones que le glorifiquen, amistades que le honren, huir de la impureza, abrazar Su diseño sexual para ti y vivir en comunidad.

Conocer a Cristo —quien es la verdad— es todo lo que necesitas para permanecer firme en Él hasta el final: "Pues su divino poder nos ha concedido todo cuanto concierne a la vida y a la piedad, mediante el verdadero conocimiento de aquel que nos llamó por su gloria y excelencia" (2 Pedro 1:3).

Cristo es el Autor y Perfeccionador de nuestra fe (Hebreos 12:2). Mantén tus ojos en Él hasta el día que completes tu carrera aquí en esta tierra y entres para siempre en el gozo de tu Señor.

¿Recuerdas lo que yo creía que necesitaba para estar firme? No era edad ni experiencia. Eso era suponer que yo poseía todos los recursos necesarios. Lo único que necesitaba era a otra Persona que viviera en mí y a través de mí. Necesitaba leer la Biblia no como un paso para lograr algo sino como la única manera como podía vivir. No hay tutorial de YouTube que se compare con la suficiencia de Cristo de nuestro lado.

Ahora, más que anhelar madurez, edad y experiencia, yo quiero más de Jesús. "Cuando sea grande" lo único que quiero es tener la dependencia —como la de un niño— que Cristo tuvo. Por más que Él creció, nunca abandonó Su total confianza en el Único que le daba vida.

A veces crecer no es más que admitir que no podemos y gloriarnos en Aquel que sí puede. Y es allí precisamente que descubrimos nuestra verdadera fortaleza.

Hazlo personal

- ¿Te sientes capacitada para enfrentar tu vida? ¿Por qué sí o por qué no?¿Qué dificultades o retos permite Dios en tu vida para enseñarte que tú sola no puedes enfrentar las exigencias que tienes por delante?

- Alaba a Dios por Jesucristo, por darnos un rescate completo en Cristo.

- Pídele a Dios que en vez de sentir desesperación, ansiedad o ira cuando afrontas exigencias imposibles, acudas siempre a Cristo para descubrir más y más todo lo que Él es y lo ilimitado de Su poder.

- Lee el Salmo 119 y pídele a Dios que lo use para despertar en ti una intensa hambre por Su Palabra.

cinco

DIOS ES MI DISEÑADOR

por **Betsy Gómez**

Mi hijo mayor es muy aficionado a los *Legos*, y cuando vio el set del Taj Mahal quedó perplejo. Estaba guardado en el garaje de unos amigos y tenía aproximadamente diez años de construido. Al ver la emoción de Josué, nuestros amigos le dijeron: "Si te gusta, te lo regalamos. Llévatelo, desármalo y ármalo otra vez". Él quedó mudo, no lo podía creer. ¿Cómo iba a armar un proyecto de casi seis mil piezas? En ese momento, le entregaron cuatro folletos con las instrucciones. Los habían guardado por si en algún momento necesitaban repararlo.

Aún con la boca abierta, Josué aceptó el regalo. Con solo diez años, él asumió el reto. Con mucha dedicación y persistencia, desarmó el palacio, lavó las piezas y las clasificó en bolsitas individuales. Tomó el manual y durante todo el verano ha seguido las instrucciones paso a paso. Yo estoy segura de que cuando termine no veremos el coliseo de Roma ni la muralla china. Veremos la creación que el libro de instrucciones tiene en su portada: El Taj Mahal.

Cualquiera puede reconocer que la forma correcta de ensamblar miles de piezas color mármol es siguiendo las instrucciones del diseñador al pie de la letra. Los creadores de *Legos* determinaron de antemano cómo debía encajar cada pieza. Ese tipo de proyectos no admite rediseños ni modificaciones. El éxito consiste en reflejar la imagen del diseño original.

Es fácil seguir las instrucciones cuando se trata de un set de *Legos*. Pero cuando tiene que ver con nuestras vidas, nos resistimos a recibir órdenes. Hay algo en nosotras que nos hace renuentes a que otros definan lo que somos o lo que haremos. ¿Alguna vez —aunque sea en lo más profundo— te has resistido a que alguien te diga cómo debes vivir? Yo sí.

Esta declaración de la actriz afroamericana Uzo Aduba, resume el pensamiento de esta generación: "Me encanta esta idea neofeminista: definirse a sí misma como uno quiera, cómo quiere ser hoy, y puede cambiar mañana, y puede cambiar al día siguiente".

Las voces de este mundo nos gritan: "Sigue tu instinto, obedece tu corazón. ¡Haz con tu vida lo que quieras, todas las veces que quieras!". Y si somos sinceras, suena como un plan atractivo, pero hay una verdad que pincha la burbuja. *Hemos sido creadas.*

DERECHOS DE AUTOR

> "Todo lo que Dios ha hecho es bueno".

Si nos hubiéramos creado a nosotras mismas, tendríamos el derecho de autor para hacer con nuestras vidas lo que mejor nos parezca. Pero ese no es el caso. Hemos sido creadas por Dios. Nuestro Diseñador definió nuestro valor, funciones y propósito. Él no nos preguntó si estábamos de acuerdo con su plan ni sugirió un diseño alternativo de su obra. ¿Sabes por qué? Porque todo lo que Dios ha hecho es bueno, en gran manera (lee Génesis 1:1-28).

En el principio Dios creó los cielos y la tierra. […] Y Dios vio que *era* bueno (Génesis 1:1, 25b).

Y dijo Dios: "*Hagamos al hombre a Nuestra imagen, conforme a Nuestra semejanza*; y ejerza dominio sobre los peces del mar, sobre las aves del cielo, sobre los ganados, sobre toda la tierra, y sobre todo reptil que se arrastra sobre la tierra". *Dios creó al hombre a imagen Suya, a imagen de Dios lo creó; varón y hembra los creó* (Génesis 1:26-28, cursivas añadidas).

Dios —en su soberanía— tomó la iniciativa de crear todas las cosas; y las llamó a existencia por el poder de Su Palabra. Él declaró que su creación era buena. Todo funcionaba a la perfección.

Luego creó al hombre y a la mujer a su imagen, conforme a su semejanza. Formó al hombre del polvo de la tierra y sopló su aliento de vida (Génesis 2:7). Mira cómo la historia hace un *zoom* al momento de crear a la mujer (abre o enciende tu Biblia y lee Génesis 2:18-25).

Entonces el Señor Dios dijo: "No es bueno que el hombre esté solo; *le haré una ayuda adecuada*". […] *De la costilla que el Señor Dios había tomado del hombre, formó una mujer y la trajo al hombre.* Y el hombre dijo:

"Esta es ahora hueso de mis huesos,
Y carne de mi carne;
Ella será llamada mujer,
Porque del hombre fue tomada" (Génesis 2:18, 22-23, cursivas añadidas).

En mi país decimos: "Más claro no canta un gallo". Dios es nuestro Creador. Por tanto, Él tiene autoridad suprema sobre nuestras vidas. Al finalizar la creación del hombre y la mujer, ¿Sabes lo que dijo? Que su obra era *buena en gran manera* (Génesis 1:31). Mira lo que se observa en los versículos que leíste:

La mujer —al igual que el hombre— es portadora de la imagen de Dios.
Eso es bueno en gran manera.

Dios le dio a la mujer roles diferentes a los del hombre, y a ambos les asignó el mismo propósito: manifestar Su gloria. *Eso es bueno en gran manera.*

Dios formó al hombre primero, luego hizo a la mujer de su costado y la entregó al hombre. *Eso es bueno en gran manera.*

Dios creó a la mujer para ser ayuda idónea, y así reflejar el carácter de Dios como ayudador de Su pueblo. *Eso es bueno en gran manera.*

Dios le dio a la mujer —a diferencia del hombre— un cuerpo más frágil y delicado, pero con la fuerte capacidad de producir vida y nutrirla. *Eso es bueno en gran manera.*

Entonces, si el Dios de toda bondad, perfección, justicia, soberanía, santidad, poder y gloria declara que todo esto es extremadamente bueno, ¿cuál debería ser nuestra respuesta? ¡Lo lógico sería aceptarlo con gozo!

Pero tristemente, esa no es la respuesta del mundo ante el diseño de Dios para la mujer. Más triste aún es que tampoco es la respuesta de muchas jóvenes y mujeres que dicen ser creyentes. Yo fui una de ellas. 😞

Estando en la iglesia, compré las ideas del mundo acerca de lo que significaba ser una mujer y no tomé en cuenta lo que Dios decía. Yo era una versión humana y "cristiana" de los dibujos animados *Las chicas súper poderosas.* ¿Las viste alguna vez?

Siempre pensé que yo podía vivir mi feminidad como yo quisiera, y que mientras revistiera todo lo que hacía con una frase como "para la gloria de Dios", todo iba a estar bien.

Pensaba que el hombre y la mujer eran llamados por Dios a hacer exactamente las mismas cosas en el hogar y en la iglesia. Luchaba por demostrar que no había nada que un hombre pudiera hacer, que yo no fuera capaz de hacerlo mejor. Por eso no valoraba la maternidad y en el fondo la veía como un obstáculo para mi "éxito". No quería que nadie me encasillara en el reglón de ama de casa porque me hacía sentir inútil. Cuando me mencionaban las palabras "ayuda adecuada" se producía un cortocircuito en mi interior, porque lo entendía como un sinónimo de "ser humano de menor categoría".

Esa era la Betsy de 25 años, con una carrera en mercadotecnia y una maestría en comunicaciones. Vivía aferrada a mi trabajo para excusar mi falta de responsabilidad en el hogar y mi desapego a mi bebé recién nacido. Mi consigna era "si otra persona puede atender los asuntos más ordinarios, yo me puedo encargar de lo extraordinario". Yo no quería ser una sirvienta, prefería salir al mundo laboral a ejercer mi liderazgo y a buscar aprobación.

Hasta que me topé con las instrucciones del Diseñador. Una noche en la que no podía dormir, recordé que mi esposo me había mencionado algo de un ministerio llamado *True Woman* (Mujer Verdadera). Lo busqué en Google y encontré una enseñanza de Nancy DeMoss Wolgemuth que se titulaba *¿Qué es una mujer verdadera?* Me pareció muy interesante y decidí verla porque estaba buscando un poco de ánimo y en mis adentros dije: "Eso es exactamente lo que soy, una mujer verdadera".

¡Ja, ja, ja!

No pasó mucho tiempo para que me diera cuenta de que esa charla no era exactamente lo que yo tenía en mente. La Palabra de Dios puso de manifiesto que mi manera de vivir era contraria a la fe que profesaba. Por primera vez pude ver el pecado que me hacía despreciar el diseño de Dios para mí. Todo se resumía en que yo deseaba ser mi propia autoridad.

Esa noche me quedé despierta hasta el amanecer. Dios me concedió el arrepentimiento y me ayudó a conectar los puntos entre el evangelio y mi feminidad.

EL PELIGRO DE NO SEGUIR LAS INSTRUCCIONES

Fue revelador darme cuenta cómo el pecado había afectado mi capacidad de ver lo que Dios había hecho como algo bueno. Eso no comenzó conmigo, fue así desde el principio. Miremos cómo sucedieron las cosas en el Edén.

En el principio, Dios dio instrucciones claras. Él proveyó todo lo que el ser humano necesitaba, pero también dio una restricción y dijo que el resultado de la desobediencia era la muerte:

> Y el SEÑOR Dios ordenó al hombre: "De todo árbol del huerto podrás comer, pero del árbol del conocimiento del bien y del mal no comerás, porque el día que de él comas, ciertamente morirás" (Génesis 2:16-17).

Sin embargo, Satanás entró en escena y su blanco de ataque fue la mujer. Sutilmente sembró una duda en su corazón acerca de la veracidad del mandato que Dios les había dado.

> *¿Conque Dios les ha dicho:* "No comerán de ningún árbol del huerto"? (Génesis 3:1, cursivas añadidas).

El enemigo de Dios tergiversó lo que Dios había dicho, haciéndole ver como un tirano. Dios les había dado la libertad de comer de todo árbol del huerto, excepto uno.

> ¿Conque Dios les ha dicho: "No comerán de *ningún* árbol del huerto"? (Génesis 3:1, cursivas añadidas).

Le hizo creer que si desobedecía no iba a sufrir consecuencias. De esta manera él presentó a Dios como un mentiroso.

> Y la serpiente dijo a la mujer: *"Ciertamente no morirán"* (Génesis 3:4, cursivas añadidas).

Y atacó directo a su corazón cuando le prometió que el resultado de su desobediencia la iba a ascender al trono de su vida. Le mintió diciéndole que ella podía ser su propio dios.

> "Pues Dios sabe que el día que de él coman, se les abrirán

los ojos y *ustedes serán como Dios*, conociendo el bien y el mal" (Génesis 3:5, cursivas añadidas).

Ella creyó la gran mentira. Eva pensó que podía convertirse en su propia autoridad y establecer las reglas del juego de su vida.

> Cuando la mujer vio que el árbol era bueno para comer, y que era agradable a los ojos, y que el árbol era deseable para alcanzar sabiduría, tomó de su fruto y comió. También dio a su marido que estaba con ella, y él comió (Génesis 3:6).

A partir de ese momento ya nada fue igual.

¿Ves? Todo empezó porque una mujer no siguió las instrucciones. Porque una mujer deseó ser su propio dios. El pecado ha afectado a todo ser humano que ha nacido desde entonces. Seguimos dudando de la bondad de Dios. Escogemos desobedecer pensando que no sufriremos consecuencias, y pensamos que podemos ser la autoridad suprema en nuestra vida.

El pecado ha cegado nuestros ojos para que no veamos la bondad de Dios y lo bueno de Su diseño divino.

> "El pecado ha cegado nuestros ojos para que no veamos la bondad de Dios y lo bueno de Su diseño divino".

Cuando echamos un vistazo a nuestra generación —y a nuestros corazones— reconocemos que algo anda mal. Es evidente que no hemos seguido las instrucciones. No se supone que las cosas sean así. ¿Qué vemos? Mujeres tratando de redefinirse a sí mismas.

- Mujeres que redefinen su sexualidad de acuerdo a lo que sienten.
- Mujeres que deciden si dejarán vivir o no a sus hijos en su vientre.
- Mujeres que redefinen el matrimonio, escogiendo unirse a otras mujeres.

- Mujeres que redefinen sus roles en el hogar porque no quieren sentirse como esclavas.

- Mujeres que redefinen el éxito haciendo de ellas mismas el centro de su vida.

- Mujeres que redefinen el uso de su cuerpo.

- Mujeres confundidas.

- Mujeres que han comido del fruto "haz lo que quieras".

- Mujeres que necesitan conocer la verdad.

Si observas Romanos 1:18-32 te darás cuenta cómo llegamos hasta aquí. El ser humano insiste en rechazar la verdad de Dios. No reconoce su autoridad y niega su bondad. En lugar de responder con gratitud por lo que Dios ha hecho, se rebela contra su diseño y, ¿cuál es el resultado? Corazones entenebrecidos y mentes confundidas.

> "Todo intento por redefinir lo que Dios ya ha dicho que es bueno constituye un acto de rebeldía e ingratitud contra Dios".

Como resultado de su rebeldía e ingratitud, Dios los entregó a la peor de las consecuencias, los dejó que hicieran lo que quisieran. ¡No hay nada más necio que ir en contra del Dios de toda sabiduría!

¿Te das cuenta? Todo intento por redefinir lo que Dios ya ha dicho que es bueno constituye un acto de rebeldía e ingratitud contra Dios. Es una declaración que grita: "¡Te equivocaste Dios! Yo puedo hacerlo mejor que tú! No eres suficiente para satisfacerme. Tengo que crear nuevos medios para obtener lo que tú no puedes darme".

En última instancia, se trata de nuestra búsqueda equivocada de satisfacción.

Esa es la esencia de todo pecado: Buscar la satisfacción en cualquier cosa que no sea Dios. Pensamos que encontraremos libertad si tan solo nos independizamos de Dios. Buscamos lo que solo Dios puede darnos en las personas, en las relaciones, en el sexo, en el uso de nuestro cuerpo… Pensamos que el poder o el control nos hará felices. Redefinimos las reglas del juego porque nos parece que esa es la solución a nuestro problema.

¡ALGUIEN SIGUIÓ LAS INSTRUCCIONES EN NUESTRO LUGAR!

Entonces, en medio de tanta confusión, ¿qué podemos hacer? ¿Cuál es la solución para este enredo?

La única solución para el pecado la encontramos en la persona de Jesucristo. Él sí siguió las instrucciones de Dios al pie de la letra, y lo hizo en nuestro lugar. La única vía para volver al diseño de Dios es creer la buena noticia del evangelio.

Por más torcidas que estén nuestras vidas, ¡tenemos esperanza porque el evangelio restaura todas las cosas!

El evangelio es el poder de Dios para hacer morir toda rebeldía que se levanta contra la verdad. Es el poder de Dios para cambiar nuestros afectos y transformar nuestras prioridades. El evangelio nos libera de la idea de que podemos ser nuestra propia autoridad y nos habilita para cumplir el propósito para el cual fuimos creadas.

Los lentes del evangelio nos ayudan a contemplar la bondad de Dios en Cristo y a encontrar en Él la satisfacción que tanto anhelamos. Podemos responder a Dios en gratitud y ver con claridad la hermosura de su diseño.

> "El evangelio cambia mi grito rebelde de independencia en una declaración de rendición absoluta y gozosa ante la autoridad de Dios".

El evangelio cambia mi grito rebelde de independencia en una declaración de rendición absoluta y gozosa ante la autoridad de Dios. Me capacita para declarar:

"Dios es mi suprema autoridad".

"Soy una creación de Dios".

"Soy una discípula de Cristo".

"Soy una hija de Dios".

"Soy una dadora de vida".

"Soy ayuda adecuada".

"¡Mi diseño de mujer es hermoso!".

"Expreso mi feminidad como una respuesta al evangelio".

"Mi feminidad sirve para reflejar áreas del carácter de Dios que un hombre no puede mostrar".

"¡Soy mujer para la gloria de Dios!".

Tú también puedes ponerte los lentes del evangelio para que puedas apreciar la belleza del diseño con el cual fuiste creada. Es mi oración que seas una joven afirmada en la verdad. Y si te preguntas cómo puede funcionar esa firmeza en la vida diaria, aquí te comparto algunas aplicaciones prácticas.

- Una joven que reconoce a Dios como su Diseñador se rinde a Su voluntad en lugar de tratar de redefinirse conforme a los estándares del mundo.

- Una joven rendida al señorío de Cristo rige su identidad —sexualidad, relaciones y estilo de vida— por la verdad de la Palabra de Dios, y no por sus sentimientos o la presión del mundo.

- Una joven renovada por el Espíritu Santo exhibe el corazón de la feminidad bíblica, que es el fruto del Espíritu: amor, gozo, paz, paciencia, benignidad, bondad, fe, mansedumbre y dominio propio.

- Una joven que ha abrazado la verdad del evangelio reconoce que la feminidad bíblica no es solo un escalón de su caminar de fe, sino el resultado de su andar como discípula de Cristo.

- Una joven que acepta su feminidad con gozo no necesita luchar para obtener validación ni respeto. Ella conoce a su Creador y lo que Él ha dicho de ella.

- Una joven que toma su cruz cada día y sigue a Cristo no tiene temor de exhibir las cualidades de su Señor en su andar.

- Una joven que está sentada en los lugares celestiales en Cristo no necesita esforzarse para que su nombre ocupe los primeros lugares.

- Una joven que está completa en Cristo no se desvive por la aprobación de los hombres.

- Una joven que ha nacido de nuevo a una esperanza viva asume con gozo su rol de dadora de vida a los que le rodean.

- Una joven que ha sido marcada por la mansedumbre y humildad de Cristo refleja un espíritu tierno y sereno, sin importar la personalidad que la caracterice.

- Una joven transformada por el evangelio no teme a la sumisión bíblica porque sabe que el objeto de la misma es su Señor y Salvador.

- Una joven que ha experimentado el perdón de sus pecados por la obra redentora de Cristo en la cruz extiende el perdón a quienes la han ofendido.

- Una joven que ha experimentado la ayuda salvadora de su Dios no se avergüenza de ser ayuda adecuada en el contexto que ha sido colocada.

- Una joven que tiene su identidad en Cristo no es consumida por las ansias de demostrarle nada al mundo.

- Una joven que anhela agradar a Dios en todo, sabe que no puede hacerlo en sus propias fuerzas. Ella depende de Dios en cada aspecto de su vida.

- Una joven que está firme en la verdad se viste del evangelio que es la armadura de Dios.

- Una joven que está escondida en Dios abraza el llamado que Él tenga para su vida sin temer el futuro.

ACÉRCATE A TU BUEN DIOS

Jackie Hill Perry era una joven lesbiana que despreciaba la imagen tradicional de lo que significaba ser mujer. Dios en su gracia la salvó y abrió sus ojos a la belleza de Su diseño. La transformación que el evangelio ha producido en ella es grandiosa. En una entrevista en Aviva Nuestros Corazones, ella dijo: "Cuando entendí que Dios me había creado mujer, y creí que ser mujer era algo bueno, empecé a encarnar la feminidad… porque mi teología precedió mis afectos. Cuando entendí esto, mis afectos y mi teología se reconciliaron y se hicieron uno".[2]

Considerar la bondad de Dios y creer que todo lo que Él ha hecho es bueno constituye un paso vital si queremos abrazar su diseño y voluntad para nuestra vida. Necesitamos mirarlo a Él, necesitamos correr a Cristo y dejar que Su Palabra defina lo que somos.

Me encanta la manera como Jackie nos lanza la invitación a silenciar las voces de este mundo y a prestar atención a lo que Dios —nuestro buen Dios— dice de nosotras. Aquí te comparto su poema "¿Qué es una mujer?".[3]

> El otro día, una joven dijo por un micrófono que odiaba ser una mujer. Ella quería saber lo que significaba ser una. A menudo me he preguntado lo mismo, he buscado enseñanzas

---

2. https://www.avivanuestroscorazones.com/season/la-belleza-de-una-vida-transformada-con-jackie-hil/.

3. Se puede escuchar este poema en español en YouTube: https://www.youtube.com/watch?v=VeCWN57rwK8.

DIOS VIÓ TODO LO QUE HABÍA HECHO Y ERA BUENO EN GRAN MANERA

GÉNESIS 1:31
(NBLA)

que me digan quién soy. Y es que todas aprendemos a ser, por imitación o adoctrinamiento. Nuestras madres y los medios no pueden dejar de entrenarnos, moldeándonos en copias de ellos mismos. Así que, entonces, saber "quiénes somos" o "lo que deberíamos ser" realmente depende de cuál disfraz usamos la mayoría de los días.

Me dijeron que una mujer era independiente, autónoma. Que no necesitaba un hombre ni una luna para mantenerla en trayectoria. Que ella se movía como el viento y la brisa; vivía sin necesidad de permiso para interrumpir todo lo que está quieto y bajo restricción.

Me dijeron que una mujer no puede ser realmente ella misma. Es decir, no puede ser ella misma si no es lo suficientemente delgada, si su piel no es perfecta, si su cabello no es réplica de Rapunzel o si está demasiado cubierto.

Me dijeron que mi cuerpo no es ni mío ni su belleza innata. Que no soy hermosa a menos que el hijo de otra mujer me lo indique ¿Cuándo las palabras de los hombres en cuya imagen las mujeres *no fueron hechas* comenzaron a dañarlas tan silenciosamente? Tal vez fue cuando comenzamos a creer en las voces que no tienen deidad.

Me dijeron que una mujer no debería someterse, no debería ser mansa. Ese tipo de comportamiento era solo para mujeres con voces reservadas.

Me dijeron que no fuera reservada, sino que fuera una sirena. Que fuera tan cortante como pudiera y honrara mis opiniones a costa del respeto.

Mientras que algunos hombres pueden creer que tienen libertad sobre el cuerpo de una mujer y que son fuertes al desgarrar y deshacer la dignidad con una simple frase o con un guiño de ojos, *cuando fuerte es la columna vertebral que recuerda de donde vino.*

Eso permite que su conocimiento de sí mismo no esté determinado por cada viento de doctrina y polvo sino por Dios mismo. Debemos desaprender los profundos malentendidos que se presentan a sí mismos como "empoderamiento" y "libertad". *La liberación nunca ha llegado por medio de la incredulidad.*

Las mujeres debemos ser más inteligentes, debemos ser más sabias, debemos inclinarnos ante la verdad amorosa, sin importar cuán contradictoria sea para una cultura moribunda. *Te digo, una mujer no es tonta a menos que ella decida serlo.*

Si me preguntas, "¿Qué es una mujer?" Te diría que ella es un hueso hecho vivo, con características que la distinguen. *Una mujer no es un hombre,* su llamado no es sinónimo de inferioridad. ¡Fue dado por un Dios creativo!

Una mujer se somete a su Dios, a su esposo, a su iglesia. *Ella no es una mujer débil o de voluntad frágil, es tan fuerte como la humildad y la fe la puedan transformar.*

Dicen: "La sumisión suena a ser sierva". Dicen: "Eso suena como algo contra lo que debemos rebelarnos". Yo te digo: "¿No es gracioso cómo ser una sierva es repulsivo para todos menos para Dios?" Y nos preguntamos *¿por qué no podemos reconocer su rostro?*

Si me preguntas… Si me preguntas: "¿Qué es una mujer?", te diría que ella es una hermana para todos; asegurándose de que sus palabras no deshagan lo que con sus manos hizo para mantener calientes los corazones fríos.

Estamos hechas de alimento y bienestar. Es por eso que sentimos tan profundamente, por esto lloramos repentinamente, porque las emociones que nos hacen mujer no nos hacen inestables, sino que nos hacen buscar refugio en las costillas de aquel para quien fuimos creadas ayuda idónea.

Pero una mujer no debe ser más ni menos de lo que Dios le hizo ser.

Si me preguntas: "¿Qué es una mujer?", yo te diría: "Pregúntale al Dios que la hizo".

Acércate a tu Creador y contempla Su bondad en Jesús. Te aseguro que verás —a todo color— la bondad de Su carácter y la hermosura del diseño que el pecado ha querido empañar. Cultivarás un corazón dispuesto a dejarse moldear según el manual del Diseñador. Y lo harás con gozo, porque encontrarás en Cristo toda la libertad, la plenitud y la abundancia que anhelas.

Hazlo personal

- ¿En algún momento te has resistido a que alguien te diga cómo debes vivir?

- ¿Cómo cambia tu perspectiva la verdad de que has sido creada por Dios?

- ¿Hay algún área que necesites rendir a la autoridad de Dios?

- ¿Cómo te libera el evangelio para rendirte ante tu Creador?

seis

DIOS DECIDE MI VALOR

Por Bethany Beal

e miré en el espejo y supe exactamente lo que hacía falta. Más delineador. No me refiero a una delicada línea alrededor de los ojos para acentuarlos. No. Me refiero a la cantidad de delineador que me hacía ver como un mapache. Me refiero a cantidades exorbitantes por encima y por debajo del ojo. Me refiero a tal cantidad de delineador que un observador podría literalmente confundirme con un mapache.

Sí. Ese era mi *look* indispensable en la secundaria.

Yo me desvivía por la atención de los chicos. Ansiaba sentirme y verme hermosa. Deseaba con todas mis fuerzas que se percataran de mi presencia. Anhelaba ser una mujer deseable. Anhelaba la satisfacción interior que a mi parecer me procuraría la belleza externa. En mi mente adolescente, mi manera de llamar la atención y mi intento por verme hermosa era aplicarme grandes cantidades de delineador.

Años después, a principios de mis veinte, no había cambiado mucho. Sí, a esas alturas había dejado de usar delineador, pero mi anhelo interior de verme hermosa a los ojos de los demás seguía vivo. Tenía el mismo corazón vacío con una nueva estrategia para intentar llenarlo. En lugar de pintarme con delineador, ahora estaba obsesionada con tener una piel perfecta. No podía aceptar el acné y las imperfecciones en la piel. En lo profundo de mi corazón creí la mentira de que tener una piel tersa me haría más valiosa. Creí que eso me haría valiosa a los ojos de los demás. En especial de los hombres.

Nunca olvidaré el día que me miré en el espejo y noté que había varios granos alrededor de mi boca y en el mentón. Me incliné para ver mejor y para evaluar el daño. Recuerdo que me sentí muy enojada de tener un brote. En ese momento, empecé a temer de inmediato lo que mis amigos podrían pensar de mí. ¿Qué pensarían los chicos? Me preguntaba si ellos iban a pensar que yo no era tan bonita a causa de los brotes. Me preguntaba si me querrían menos. Me preguntaba incluso si desearían ser mis amigos. Permití que una mentira del enemigo entrara en mi mente. Me dejé convencer de que mi valor dependía por completo de mi apariencia externa y de lo que los demás pensaran de mí.

> "Me dejé convencer de que mi valor dependía por completo de mi apariencia externa y de lo que los demás pensaran de mí".

Por fortuna, Dios en su gracia no me permitió seguir dominada por esos temores. Dios me permitió dejar a un lado mis inseguridades por un momento y me recordó que era su hija. Me recordó que nadie podía añadir ni quitar valor a mi persona. Volví a mirarme en el espejo y pensé: "Si mis amigos no me quieren porque tengo un brote en la piel, no son amigos verdaderos. ¿Qué amigo valora a una persona por algo tan superficial como un grano?". Ese momento frente al espejo fue uno de mis primeros pasos hacia una libertad duradera. Dios me dio la fortaleza para encontrarme con mis amigos y disfrutar de la noche sin temer lo que pudieran pensar de mí. Entregué mi apariencia a Dios e hice mi mejor esfuerzo por confiar en que Él me amaba con o sin granos.

En los años posteriores a ese episodio de acné juvenil, empecé a leer la Palabra de Dios de manera más consciente. Empecé a escuchar con más atención la sabiduría de mis padres y de mis consejeros. De manera lenta pero segura empecé a entender mejor y a creer que mi valor nada tenía que ver con la aprobación de los hombres, los amigos o los compañeros, y en cambio tenía todo que ver con el valor que Dios ya me había otorgado como hija suya.

Mirar en retrospectiva aquellos años en los que luché por lograr "el *look* perfecto" me produce a la vez tristeza y gozo. Tristeza por haber desperdiciado tanta energía buscando soluciones inútiles para alcanzar un valor duradero. Y gozo porque he progresado tanto y he descubierto cuatro verdades poderosas que han transformado mi vida y mi perspectiva sobre la belleza y sobre mi valor como mujer. Sé que el tema de la belleza es una lucha para muchas jóvenes, si no la mayoría. Parece que el logro del "*look* perfecto" ha sido una seria obsesión para las mujeres a lo largo de la historia y en todas las culturas. No obstante, muchas hemos aprendido, por experiencia personal, que este afán por alcanzar plenitud y satisfacción mediante una apariencia perfecta no nos ha dado los resultados esperados.

A lo largo del capítulo quiero presentarte cuatro verdades poderosas que han transformado mi vida por completo. Estas verdades me han cambiado de manera radical y me han infundido la confianza, la seguridad y el valor para vivir cada día para la gloria de Dios (a pesar de cómo me vea o me sienta en ciertos momentos). Si alguna vez has tenido una lucha personal con el tema de la belleza, mi oración es que estas cuatro verdades bíblicas cambien tu vida y te ofrezcan la libertad y la plenitud que tu corazón anhela.

CUATRO VERDADES PODEROSAS PARA ABRAZAR LA BELLEZA VERDADERA Y EL VALOR QUE PERDURA

1. Dios es el Inventor de la belleza.

Me gusta mucho recordar el principio de la creación. La Biblia nos dice que la tierra estaba desordenada y vacía. No había nada en ella. No había flores, ni nubes, ni tiernos conejitos, ni amaneceres o atardeceres. No había más que espacio vacío. Esa descripción no me sugiere algo muy bello. ¿Qué opinas tú?

La razón por la cual me gusta hacer referencia a esos momentos vacíos y carentes de forma es porque al poco tiempo Dios hizo algo prodigioso. Él, en todo su portento y creatividad, decidió tomar lo que era nada y convertirlo en algo grandioso. Echemos un vistazo a lo que hizo Dios el primer día de la creación (sé que ya hablamos de Génesis en los capítulos anteriores, pero créeme, ¡vale la pena!). Puedes buscar el pasaje completo en Génesis 1 y 2.

> En el principio Dios creó los cielos y la tierra. La tierra estaba sin orden y vacía, y las tinieblas cubrían la superficie del abismo, y el Espíritu de Dios se movía sobre la superficie de las aguas. Entonces dijo Dios: "Sea la luz". Y hubo luz. Dios vio que la luz *era* buena; y Dios separó la luz de las tinieblas. Y Dios llamó a la luz día y a las tinieblas llamó noche. Y fue la tarde y fue la mañana: un día (Génesis 1:1-5).

Dios prosigue su obra y crea los cielos, los océanos, las montañas, las plantas, los árboles, la vegetación, el sol y la luna, las criaturas marinas y las bestias de la tierra. Después que termina todo, Dios sigue adelante y crea sus últimas obras. Primero el hombre y luego la mujer. Todo era absolutamente perfecto y fue formado por Dios mismo.

Detente a pensar conmigo lo que acabamos de leer. Dios hubiera podido crear cualquier cosa. Podría haber creado el mundo más simple, aburrido y carente de interés. Pero no fue así. Antes bien, creó todo con gran cuidado y precisión. Lo hizo absolutamente hermoso. Era espectacular. Piensa nada más en la belleza de un atardecer. Contemplarlo nos deja a veces boquiabiertas. Fue Dios quien nos lo ha dado. Él hizo que el sol saliera en la mañana y se ocultara en la tarde, y nos dio la capacidad para apreciar esto y disfrutarlo.

Entonces, ¿qué tiene que ver este discurso sobre la creación con la belleza? En realidad tiene todo que ver con la belleza. Si no entendemos de dónde vino la belleza, nunca seremos capaces de abrazarla de una manera bíblica. Como puedes ver, Dios nos creó, como mujeres cristianas, con la capacidad para apreciar la belleza. Por eso miramos un atardecer y quedamos pasmadas, deslumbradas. Nosotras no inventamos esa capacidad, sino que Dios nos la dio. De la misma manera que Dios nos creó con la capacidad para disfrutar la belleza, también nos creó para ser mujeres hermosas. Él nos diseñó con premeditación. Cada curva, cada forma, cada aspecto de nuestra feminidad fue diseñada por nuestro amoroso Creador. Él nos dio a las mujeres una belleza especial. Está bien que apreciemos y disfrutemos nuestra feminidad.

> "Está bien que apreciemos y disfrutemos nuestra feminidad".

Te animo a pensar acerca de la feminidad como un hermoso ramo de flores. ¿Qué lo hace espléndido? La variedad. La combinación singular de flores. Los diferentes aromas. Los colores. Las texturas. Las alturas. La variedad es lo que hace el ramillete tan especial. Lo mismo sucede con las jóvenes. Dios creó una hermosa variedad para que la apreciemos. Algunas son altas, otras bajas. Algunas tienen piel clara, otras oscura. Algunas tienen labios gruesos y otras muy finos. Algunas tienen cabello grueso y otros delgado. Algunas tienen ojos claros y otras oscuros. Cada detalle del diseño único de Dios de la feminidad es lo que hace tan hermosas a las mujeres. Tomemos la decisión de aceptar la belleza única que Dios nos ha dado, del mismo modo que aceptamos un hermoso ramillete.

2. Dios me diseñó y por consiguiente Él define mi valor.

Hace pocos años fui a desayunar con mi padre. Estacionamos en la cafetería, atravesamos la puerta principal y nos recibió una recepcionista que se quedó mirándome boquiabierta. Sin saludarnos ni darnos la bienvenida a la cafetería, me miró completamente pasmada. Me miró de arriba abajo y entonces dijo: "Eres monstruosamente alta". Yo quedé perpleja. No sabía qué decir. Esta mujer acababa de llamarme monstruo porque era alta. Digamos que fue un momento muy desagradable e incómodo. Lo cierto es que soy alta. Mido 1.82 metros para ser exacta. Aunque soy alta, nunca me he considerado un monstruo. Esa fue la primera vez que me decían tal cosa.

En ese momento tenía delante de mí una elección. Podía enfadarme y lamentar el hecho de ser alta. Podía creer la mentira de que yo valía menos o era menos digna porque alguien me consideraba monstruosamente alta. Podría haberme hundido en la depresión y nunca volver a salir de mi casa por temor a que alguien me llamara algo peor. ¡Debía hacer una elección y tenía que ser rápido!

Afortunadamente, tenía la Palabra de Dios grabada en mi corazón, la cual me ayudó a enfrentar este descarado comentario acerca de mi estatura. En lugar de caer en la depresión o resentir el hecho de que era (y soy) tan alta, simplemente recordé que era una hija de Dios. Él me formó en el seno de mi madre. Decidí alabarlo porque me había hecho asombrosa y maravillosamente. Si Él no hubiera querido que yo midiera 1.82 m (6'1 pies), no sería así. Pero así lo quiso. Él me formó perfectamente para que yo fuera la mujer con elevada estatura que soy ahora.

> Porque Tú [Dios] formaste mis entrañas; me hiciste en el seno de mi madre. Te daré gracias, porque asombrosa y maravillosamente he sido hecho; maravillosas son Tus obras, y mi alma lo sabe muy bien. No estaba oculto de Ti mi cuerpo, cuando en secreto fui formado, y entretejido en las profundidades de la tierra (Salmo 139:13-15).

"Dios es el único que tiene la autoridad para dictar lo que nos hace valiosas".

Este pasaje lo deja claro para nosotras. Nos dice que Dios es el único que tiene la autoridad para dictar lo que nos hace valiosas. Debemos recordar que Él es nuestro Creador y que Él es nuestro Hacedor. Nadie más (eso incluye hombres, cultura, Hollywood, amigos, redes sociales, etc.) tiene el derecho de decir qué nos hace valiosas. Ellos no nos crearon, no tienen autoridad. En verdad que su opinión no importa. Solo tu Creador tiene la autoridad para determinar lo que te da valor y dignidad.

Este sencillo pasaje es lo que me sirvió para combatir la mentira de que yo era un monstruo. Estoy segura de que este pasaje puede ayudarte a ti también. En vez de creer la mentira de que tienes que verte como "la mujer ideal", detente y recuerda que eres la creación perfecta de Dios. Él no comete errores. Él te formó y dice que sus obras son maravillosas. En lugar de quejarte por tu estatura, la forma de tu nariz, el color de tu piel, la textura de tu cabello o cualquier otro aspecto de tu apariencia, dedica tiempo a alabar a Dios por formarte perfectamente y por diseñarte exactamente como Él quería. Maravillosas son sus obras. Eso te incluye a ti.

3. A Dios le interesa tu corazón.

En un mundo que literalmente adora la apariencia física de una mujer, puede ser muy difícil no quedar atrapadas en esa mentalidad. Cuando en la tienda pasas junto a una revista y ves a una mujer hermosa en la portada con palabras que dicen "viva la reina" o "la mujer más sexy del mundo", puede resultar tentador medir tu valor y tu dignidad según los criterios de la apariencia física. La belleza es una realidad que Dios diseñó, pero nunca como la identidad principal de nuestra feminidad.

En las Escrituras encontramos una y otra vez que Dios usa al humilde, al débil, al rechazado y al marginado para llevar a cabo sus planes. Dios no nos mide según nuestra apariencia física. Él no elige "favoritos" de acuerdo con lo que el mundo publica en sus portadas de revista. De hecho, a menudo hace todo lo contrario. Con frecuencia usa lo que el mundo considera "menos" para hacer una obra extraordinaria para su reino. Él se deleita

> "La belleza es una realidad que Dios diseñó, pero nunca como la identidad principal de nuestra feminidad".

TE DARÉ GRACIAS,
PORQUE ASOMBROSA Y
MARAVILLOSAMENTE
HE SIDO HECHA

SALMOS 139:14
(NBLA)

en usar a quienes son humildes de corazón. "Dios resiste a los soberbios, pero da gracia a los humildes" (Santiago 4:6b).

En lugar de pasar tanto tiempo preocupándonos por nuestra apariencia externa y tratando de hacerla perfecta, concentrémonos más bien en la condición de nuestros corazones. ¿Puedes imaginarte cuán diferentes serían nuestras vidas si dedicáramos más tiempo a ocuparnos de nuestro corazón y a ser más como Cristo? Seríamos libres del yugo y de la carga de vivir comparándonos con otros. Seríamos, por fin, libres para alabar a Dios y servirlo plenamente con el cuerpo que Él nos ha dado. Ya no viviríamos esclavizadas de las imágenes que vemos en las redes sociales, los comentarios de otras personas o la poca atención que nos presta un hombre. Nada de eso importaría. Solo importaría la opinión de nuestro Salvador y Creador.

Hay un pasaje en el Antiguo Testamento que revela claramente el corazón de Dios hacia las personas. A Él no le importa cuán atractiva o fuerte sea una persona. A Él le importa la clase de corazón que tiene.

> Pero el Señor dijo a Samuel: "No mires a su apariencia, ni a lo alto de su estatura, porque lo he desechado; porque Dios no ve como el hombre ve, pues el hombre mira la apariencia exterior, pero el Señor mira el corazón" (1 Samuel 16:7).

Qué recordatorio tan crucial para cada una de nosotras. Debemos cambiar nuestra mentalidad y evaluar realmente a quién y qué elegimos alabar. ¿Estamos atrapadas en la mentalidad de adorar a quienes el mundo considera dignas en virtud de su apariencia física? Si es así, debemos dar un paso atrás y pedir a Dios que cambie nuestros corazones para que estén en sintonía con Su corazón. También tenemos que examinar nuestro interior y preguntarnos cuál es la medida que usamos para determinar nuestro propio valor. ¿Es la medida del mundo o la de Dios? A veces podemos ser demasiado duras con nosotras mismas por cuenta de una medida inalcanzable que asimilamos de la cultura. Tenemos que abandonar eso. Tenemos que vernos a nosotras mismas a través de la lente con la cual Dios nos ve. El hombre mira la apariencia externa, pero Dios mira el corazón. Tomemos la decisión de hacer lo mismo.

4. Dios te creó para glorificarlo y servirlo con el cuerpo que te dio.

En mi vida, yo era lo único que importaba. Mi tiempo, mi dinero, mis talentos, mi agenda, mis amigos y mi futuro eran lo único que importaba. La Bethany de la secundaria era muy diferente de la Bethany que soy en la actualidad. Como muchas de ustedes, gran parte de mi vida giraba alrededor de mí misma. Aunque era cristiana y asistía con regularidad a la iglesia, había caído en la trampa del egocentrismo. El mundo giraba en torno a Bethany. Muchos años y un gran número de pruebas fueron necesarios en mi vida para que yo empezara a entender que yo fui creada por Alguien que era mayor que yo. Ese Alguien era Dios.

Esta cuarta y última verdad es la más importante que vamos a tratar. Mientras no comprendamos que fuimos creadas para adorar, alabar, servir y vivir para Dios completamente, seguiremos girando indefinidamente tratando de vivir para la gloria de nuestro propio nombre. La vida es mucho más grande que nosotras. Mucho, mucho más grande. La verdadera razón por la cual Dios te creó y te dio un cuerpo es para que tengas una relación personal con Él y lo sirvas con tu vida.

> "Porque somos hechura Suya, creados en Cristo Jesús para *hacer* buenas obras, las cuales Dios prepare de antemano para que anduviéramos en ellas" (Efesios 2:10).

Si lo crees, este versículo puede cambiar tu vida. Tú eres hechura suya. Él tiene buenas obras que ha dispuesto que tú hagas. Él las ha preparado de antemano para ti, a fin de que puedas andar en ellas. Dios tiene grandes propósitos para Sus hijas (para ti y para mí). Tiene las mejores intenciones para nuestra vida. A Él le interesan los detalles de nuestro día a día, de lo que hacemos y de por qué lo hacemos. Él no nos dio cuerpos y belleza externa para que nos obsesionemos con ello y vivamos para ello. No. Él nos dio esas cosas para que podamos servirle mejor y andar en las buenas obras que Él ha dispuesto para nosotras. Esa es la razón suprema por la cual fue hecho nuestro cuerpo. Para glorificar a Dios.

En última instancia, nosotras no somos el centro de nuestra vida. Nuestro cuerpo no es el centro. Nuestra belleza y feminidad no son el centro. Cada una de nosotras es hechura de Dios creada para Cristo Jesús. Fuimos hechas para andar en buenas obras que Cristo ha preparado de antemano para nosotras.

> "Debemos dejar de enfocarnos en *nosotras mismas* y enfocarnos en Cristo".

Debemos dejar de enfocarnos *en nosotras mismas* y enfocarnos *en Cristo*. Cuando quitamos nuestra mirada de nosotras mismas y la centramos en vivir para Cristo, algo radical sucede en nuestra perspectiva. Deja de ser una perspectiva ensimismada e insegura, y se convierte en una perspectiva centrada en Cristo y confiada. Eso lleva a una vida llena de confianza porque se vive para un propósito más grande que simplemente atraer la atención de un hombre o ganar la aprobación de otros.

Al recordar las diferentes etapas de mi vida en la adolescencia, soltería, en relaciones y rupturas amorosas, en el matrimonio y ahora embarazada, no puedo evitar preguntarme dónde estaría yo si no hubiera aprendido esta verdad. Yo sé que probablemente no estaría escribiendo este capítulo y abriéndote mi corazón. Mi esperanza y mi oración es que tomes esta verdad y le pidas a Dios que cambie tu corazón y que te ayude a vivir de manera más consagrada a Él. Solo entonces encontrarás la libertad que tu corazón anhela verdaderamente.

CONCÉNTRATE EN ABRAZAR LAS CUATRO VERDADES PODEROSAS.

Cuando recuerdo mis años de secundaria y los días del delineador de mapache, desearía haber entendido y abrazado antes estas cuatro poderosas verdades. Estas verdades me han transformado en una mujer satisfecha, agradecida y centrada en Cristo. Soy una mujer mucho más confiada porque entiendo de dónde viene mi valor como mujer. Tomemos la decisión de ser jóvenes que abrazan el diseño liberador de Dios para la belleza verdadera y duradera.

Hazlo personal

- ¿Cuál es la verdad poderosa que más necesitas abrazar y por qué?

- ¿Te has mirado alguna vez en el espejo y te ha desagradado algo de ti? ¿Cuál fue tu reacción en ese momento?

- ¿Por qué es tan importante entender que Dios te formó en el vientre de tu madre? Busca en el Salmo 139:13-15 un recordatorio de esta verdad.

- Lee 1 Samuel 16:7. ¿Cómo la perspectiva de Dios acerca de la fuerza física y la belleza externa debería cambiar la manera como te ves a ti misma y a los demás?

- ¿Cómo puedes servir mejor a Dios con el cuerpo que te dio?

siete

DIOS ME HA DADO EMOCIONES PARA SU GLORIA

por Aylín Michelén de Merck

*E*stábamos a punto de subir al avión. Una sensación de pánico, a la que no soy ajena, comenzó a crecer en mi corazón. Comencé a respirar y a tratar de ignorar lo que el temor me dictaba. Soy claustrofóbica, y aunque volar en sí no me da temor, estar dentro de un avión puede hacer que me sienta atrapada.

Después de subirnos, mientras caminaba hacia nuestros asientos, *Temor* comenzó a sonar la señal de alarma. "¿Ves?", me decía. "Estás en la última fila. Justo lo que detestas. Y para colmo, no tienes ventanas". Me senté en la fila que me tocaba con mi pequeño en brazos. El corazón se me estaba acelerando un poco. *Temor* continuó: "Crees que aguantarás dos horas aquí? Vas a ver que te da un ataque de pánico".

¿Cómo iba a responder a lo que *Temor* me decía?

LAS EMOCIONES SON UN REGALO

A veces quisiera deshacerme de las emociones que siento con tanta intensidad y que en ocasiones son tan difíciles de controlar. Pero hay una realidad que tengo que tomar en cuenta y es que las emociones son un regalo de Dios. Nos dicen muchas cosas que son verdad y que nos permiten experimentar la vida con mayor plenitud. Le doy gracias a Dios por darme el regalo de experimentar el amor profundo de mi esposo, la ternura exquisita de tener a mis bebés en brazos o el deleite que me produce gozar del mar frente a mí. ¿Imaginas lo que sería la vida si todo fuera siempre lo mismo? Si no pudieras saborear un helado de chocolate con salsa de chocolate? ¿O si no pudieras disfrutar montarte en una montaña rusa?

Las emociones también son un regalo porque a través de ellas mostramos al mundo las emociones de Dios. Él ama a Sus hijos con un amor entrañable (Isaías 43:4). Su corazón se mueve lleno de compasión por aquellos que le temen (Salmo 103:13). Él se goza tanto con Su pueblo que hasta canta de alegría (Sofonías 3:17). Dios experimenta ira por el pecado y detesta la injusticia (Proverbios 11:1). Nuestro Padre es celoso y en Su amor nos guarda sólo para Él (Éxodo 34:14).

Sin embargo, por causa de nuestro pecado, a veces las emociones también nos dicen cosas que no son verdad. Nos gritan a todo volumen para que les prestemos atención. Quieren que sintamos su urgencia y que actuemos de acuerdo a ellas.

Cuando nuestras emociones reflejan el carácter hermoso y santo de Dios, nuestra alma permanece firme. Pero cuando las emociones toman el control y sirven a otro dios, nos tambaleamos y perdemos el equilibrio. En esos momentos es difícil pensar de manera lógica, podemos actuar de manera irracional, y amar a otros se vuelve imposible.

Cuando nuestras emociones nos dominan, ellas determinan la "verdad" conforme a la cual vivimos. Es como si de repente nos pusiéramos unas lentes azules y todo lo viéramos de ese color. Entonces funcionan como nuestro amo, y en vez de obedecer a Dios y actuar de acuerdo a Su verdad, nos llevan a adorar otras cosas en vez de adorar al único y solo Dios, nuestro Salvador.

¿Qué podemos hacer para asegurarnos de que nuestras emociones sirvan a nuestro Padre y lo glorifiquen?

Necesitamos permanecer en Cristo Jesús. Cuando sientas emociones que no reflejen la santidad de Dios y quieran dominarte —ya sea depresión, ansiedad, temor, envidia, ira, tristeza, desconfianza, sentido de condenación o culpabilidad— cree en Él. Cree que Él conquistó todas esas emociones, de tal modo que Él es tu Rey, no ellas.

No pongas tu fe en lo que tú eres capaz de sentir, pensar o hacer. Más bien pon tu fe en todo lo que Cristo es y todo lo que Él hace en ti y por ti, incluso ahora mismo:

- Él te ha hecho nueva.
- Su evangelio es poder de Dios para salvación (Romanos 1:16) no solo cuando te convertiste, sino que sigue siendo el poder que necesitas en este momento para vivir.
- Jesús vive en ti (Gálatas 2:20)
- Jesús conquistó todas las emociones no santas. Solo Él tiene la última palabra (no ellas).
- Jesús te está transformando continuamente y completará la obra que empezó (Filipenses 1:6).
- Jesús está orando por ti (Hebreos 7:25).
- Jesús es poderoso para socorrer a todos los que son tentados (Hebreos 2:18).

Si creemos que Él dio Su vida por nosotros y que nos llama amigas (Juan 15:13-15), ahora nosotras demostramos que somos Sus amigas haciendo lo que Él nos pide.

Como mencionamos en el capítulo 4, creer en Cristo se manifiesta en una vida que depende de Dios por medio de la Palabra y la oración. Cuando permanecemos en Jesús vivimos como Pedro cuando dijo: "¿a dónde más iremos? Tú tienes palabras de vida eterna" (Juan 6:68). En este capítulo verás una y otra vez la importancia de la Palabra de Dios. La Palabra es la verdad de Dios (Juan 17:17) y define la realidad verdadera. Cuando permanecemos en Su Palabra encontramos la sanidad que nuestra alma anhela y necesita con urgencia.

EN-TREN-ANDO

Imagínate un tren que tiene tres partes: el motor, el vagón principal y el último vagón. El motor es lo que define la realidad del tren. Luego le sigue el vagón principal, y el último vagón va dondequiera que el motor lo lleve.

La Palabra de Dios y Su verdad deben ser el motor de nuestra vida. La Palabra de Dios define lo que es verdad y lo que es nuestra verdadera realidad. Nosotras seguimos la verdad de Dios mientras que nuestras emociones le siguen como el último vagón, sometiéndose a lo que la Biblia dirija. Sin embargo, a veces las emociones quieren ser el motor de nuestro tren y definir nuestra realidad. Pero la buena noticia es que si estás en Cristo puedes entrenar tus emociones a que se sometan a la verdad de Dios, ¡a quedarse en el último vagón y a ir dondequiera que las guíe la Palabra!

Dios moldea nuestros corazones de la misma manera. Nosotras solas no podemos transformar y entrenar nuestro corazón. En cambio, si respondemos en fe a la verdad de Dios, Él opera el cambio que necesitamos.

> "Si estás en Cristo puedes entrenar tus emociones a que se sometan a la verdad de Dios".

Cuando las emociones se bajan del último vagón y quieren tomar el control del motor, las imagino como "*bullies*" que me quieren intimidar para que les crea a ellas y no a mi Padre. Gracias a Dios tenemos a Cristo que enfrenta a nuestros *bullies* y nos defiende (Salmo 3).

Cuando veas que uno de esos "*bullies*" te quiere controlar o intimidar, quiero darte cuatro estrategias que Dios usa para entrenar nuestras emociones con la verdad, y con las cuales tú puedes reubicarlas en el último vagón:

1. Háblale a tus emociones la verdad acerca de tu Padre

Observa que no indico nada más que le digas la verdad acerca de Dios. Es importante que al hablar con tus emociones les recuerdes el tipo de relación que tienes con el Dios que hizo los cielos y la tierra. Me siento corta de palabras cuando trato de expresar por escrito lo que significa para nosotras conocer a Dios como nuestro Padre. Cuando olvidamos la relación de amor que Él tiene con nosotras, la verdad acerca de Dios no es tan personal ni cercana.

Dios no es solamente un ser soberano e impersonal que dirige el universo. Ni siquiera es simplemente un monarca bondadoso que está sentado en su trono y tiene misericordia de sus súbditos. Si estamos en Cristo, tenemos el regalo eterno de ser partícipes, como Él, de Su Padre (Juan 20:17). Cuando nuestras emociones quieren decidir por dónde dirigir el tren, no hay nada más importante para una hija de Dios que conocer bien a Su Padre.

Adorar a nuestro Padre acalla nuestra alma, renueva nuestro gozo y nos llena de paz verdadera.

Nuestro Padre es una fuente eterna de bondad que se deleita en hacernos bien. Él nos ha regalado la herencia de Su Hijo y nos ha bendecido en Él con toda bendición espiritual (Efesios 1).

Como Cristo es nuestra vida, es importante observar cómo es Su relación con el Padre. A mí me encanta escuchar cómo Jesús habla de Su Padre en los Evangelios. En ello se percibe su confianza en el plan de Su Padre (Juan 6:36-40), su descanso en Su amor (Juan 15:10), y cómo anhela estar de nuevo con Él (Juan 17:13). Esa confianza, descanso y anhelo ya son nuestros en Cristo.

Es muy importante recordar esto cada vez que las emociones quieran definir nuestra realidad. Tenemos la vida y el poder de Cristo para reconocer cuando ellas contradicen el carácter y la relación que tenemos con nuestro Padre. Muy a menudo, cuando nuestras emociones —no santas— toman el control del tren, nos dicen mentiras acerca de Dios y nos hacen olvidar Su paternidad.

- Cuando la envidia quiera que creas que Dios te está privando de algo bueno, respóndele que Dios "nada bueno niega a los que andan en integridad" (Salmo 84:11).

- Cuando la ira te diga que Dios es injusto y que tienes que luchar por defenderte, recuérdale que tu Padre detesta la injusticia y que defiende al necesitado (Salmo 89:14).

• Si la depresión quiere en un momento invadir tu corazón, mírala a los ojos y desafíala con valentía: "Los ojos de mi Padre están sobre mí para librar mi alma de la muerte, y conservarme con vida en tiempos de hambre" (ver Salmo 33:18-20).

• Cuando el temor te haga dudar del amor de Dios, dile: "Dios es mi salvación, confiaré y no temeré porque mi fortaleza y mi canción es el SEÑOR Dios, Él ha sido mi salvación" (Isaías 12:2).

Nuestro Padre es digno de confianza. Aún cuando nos parezca que algunos acontecimientos no tienen sentido y que Dios está cometiendo un error, es un regalo saber que la confianza de Cristo en Su Padre es nuestra también. Él no tenía dudas de que su Padre lo resucitaría. Estaba convencido de que Su voluntad era siempre buena. ¡Gloria a Dios que tenemos la fe de Jesús para decir "no se haga mi voluntad, sino la Tuya"! (Lucas 22:42).

Cuando estaba en el avión, *Temor* quería que yo olvidara que los ojos de mi Padre están sobre mí, controlando cada detalle para hacerme ver quién era Él. Fue un consuelo cuando el Espíritu me recordó que Dios es mi Padre y que en mi momento de debilidad, Jesús es mi fortaleza (2 Corintios 12:9).

2. Háblale a tu Padre la verdad acerca de tus emociones

Cuando estás firme en el amor que tu Padre te da con abundancia, cuando sabes que estás a salvo en Cristo y que nadie te puede arrebatar de Su mano, tienes la puerta abierta para presentarte con confianza a tu Padre y decirle exactamente cómo te sientes.

Muchas veces la vergüenza nos lleva a esconder de nuestro Padre nuestras emociones. Sabemos que no debemos sentir envidia, descontento o ira. Hacemos como Adán y Eva y usamos hojas de higuera para taparnos, mientras nos escondemos de Dios.

Pero escondernos no glorifica a Dios. En realidad, esto revela que abrigamos un temor no bíblico hacia Dios y que no conocemos la intención de Su corazón para con nosotras en Cristo. Cristo ha abierto la puerta para que nos acerquemos confiadamente al trono de la gracia y podamos recibir toda la ayuda que necesitamos de Su mano (Hebreos 4:16).

El libro de Salmos está lleno de un lenguaje sincero del salmista que le expresa a Dios cómo se siente. Mira por ejemplo el Salmo 13:

> ¿Hasta cuándo, oh Señor? ¿Me olvidarás para siempre?
> ¿Hasta cuándo esconderás de mí Tu rostro?
> ¿Hasta cuándo he de tomar consejo en mi alma,
> *Teniendo* pesar en mi corazón todo el día?
> ¿Hasta cuándo mi enemigo se enaltecerá sobre mí?
>   (vv. 1-2).

El salmista no tiene temor de hacerle preguntas a Dios. *¿Cuánto tiempo más me permitirás estar aquí?* Él reconoce que siente que Dios lo ha olvidado. Le parece que Dios se esconde de él… y el salmista le dice a Dios cómo se siente.

El Salmo 88 es otro ejemplo donde el salmista le cuenta a Dios todos sus problemas. Él le confiesa que es un hombre sin fuerzas, y que es como aquellos a quienes Dios ya no recuerda. Él incluso le confiesa que sabe que es Dios mismo el que lo ha puesto en esa situación (Salmo 88:6-8).

Salmo tras salmo, el salmista habla con Dios de una manera muy abierta y sincera. A veces su teología no es precisa… pues, ¿puede Dios olvidarnos? Pero creo que Dios permite que estas oraciones estén ahí para darnos un lenguaje con el cual podemos acercarnos a Dios. También nos alientan cuando nada hace sentido y estamos muy confundidas.

Y ¿qué acerca de Jesús? ¿Lo vemos a Él acercándose al Padre con ese tipo de apertura?

Ven conmigo a Lucas 22. Jesús sabe que está a punto de tomar la copa de la ira de Dios. Él experimenta una tremenda aflicción. Incluso suda gotas de sangre porque prevé la agonía que le espera. Y ¿qué hace en ese momento? ¿Trata de distraerse con sus amigos? ¿Comienza a calmar su dolor con comidas favoritas? No, Él acude a Su Padre. Derrama su corazón delante de Él. Le presenta su súplica: "Padre, si es Tu voluntad, aparta de Mí esta copa". Su Padre no aparta la copa, pero sí le envía un ángel que lo fortalece.

Cuando Cristo está en la cruz clama a Dios, "Dios Mío, Dios Mío, ¿por qué me has abandonado?" citando el Salmo 22. No tiene temor de abrir el corazón a Su Padre ni de preguntarle por qué. Hacerle preguntas a Dios no es pecado. Mientras la actitud de tu corazón esté dirigida hacia Dios (y no a alejarse de Él), siempre encontrarás gracia y ayuda cuando te acerques a Él, aun cuando sea con preguntas, confusión y perplejidad.

Cada día experimentamos muchísimas emociones. Abres los ojos y piensas en lo que tienes por delante (quizás un examen, una conversación tensa, un recuerdo triste o una amiga a la que es difícil amar). Te ves tentada a sentir ansiedad, tristeza, ira o rechazo. Más tarde, te das cuenta de que la emoción te domina. ¡No trates de suprimirla o esconderla con vergüenza!

En ese momento, con la vida y el poder de Cristo en ti, acude a tu Padre que te ama y cuéntale lo que está en tu corazón. Confiesa si has pecado. Dile lo débil que te sientes y lo incapaz que eres para lidiar con todas esas emociones. Cristo vive para salvar a los que se acercan a Él, por el camino que Él abrió al Padre por Su sangre (Hebreos 10:19 cf. 7:25).

3. Háblale a tus emociones la verdad acerca de ti misma

Es lunes en la mañana. Acabas de abrir los ojos. Todavía estás en la cama. Decides revisar Instagram para ver si tu mejor amiga te mandó un mensaje. No te ha mandado nada. Pero te quedas ahí, desplazando hacia abajo una foto tras otra y tras otra.

Ves que tu amiga se ganó un premio en su clase de música. Presionas el corazoncito para darle *like*, pero al mismo tiempo sientes cierta envidia porque tú no has ganado ese premio en la misma clase. Tres

ISAÍAS 12:2

(NBLA)

fotos más abajo te encuentras con una foto de tres amigas de tu vecindario que se reunieron durante el fin de semana, pero no te invitaron. El corazón se te aprieta. *¿Por qué no me invitaron? ¿Hice algo para ofenderlas? ¿No soy lo suficientemente cool para ellas?* Sigues mirando fotos, pero ahora solo tratas de distraer tus sentimientos de tristeza, vergüenza y gran desánimo.

Por último, te encuentras con la foto de tu prima con una obra de arte que ella dibujó. Es increíble. Se nota que ella tiene mucho talento. Por un lado aprecias su trabajo, pero por otro te preguntas, ¿para qué soy buena? ¿qué hago bien? Te fijas en todos los *likes* que tiene su foto. Los comparas con los *likes* que recibiste en tu última foto, y ella tiene muchos más. De repente, sientes que todo el mundo es mejor que tú. Eso te deprime.

Estoy muy familiarizada con esa situación, me ha sucedido con frecuencia. Las redes sociales pueden ser una gran bendición. Pero también pueden convertirse en un lugar de comparación y de competencia. Cuando no estoy descansando en Cristo y en Su evangelio es fácil para mí caer en la tentación de creer que lo que me define es lo que otros piensan de mí. Necesito demostrar mi capacidad y competencia. Mido mi valor por el número de *likes* o de interacciones que tuvo mi *post*. Comparo mi vida con la vida de otros para ver quién es mejor, quién parece tener todo perfecto.

> "Cristo vive para siempre en ti y tú en Él".

En esos momentos, la permanencia en Cristo es vital. ¿Quién te define? ¿Cambia día a día lo que eres según lo que te dicen tus redes sociales? ¿O permanece para siempre?

Recuerda que si has puesto tu fe en Cristo, tú existes en Él y Él en ti. Con muchos o pocos *likes*, tu identidad es para siempre…

- Vives en Cristo
- Cristo vive en ti
- Eres una nueva criatura

Vivir en Cristo significa que hay una realidad invisible que te define. Cuando estás en tu cama sintiéndote mal, hay otro hecho más real que afecta cada momento que vives aquí en la tierra. Si moriste con Cristo también resucitaste con Él, y ahora estás sentada con Él en los lugares celestiales (Efesios 2:6). Eso significa que estás sentada en un lugar de victoria y autoridad. Cristo te ha dado Su honor. En Cristo, Dios te ama con un amor fuerte y constante. Por los siglos y siglos venideros Dios estará mostrando las abundantes riquezas de su gracia en Su bondad para con nosotras en Cristo Jesús.

Cristo vive para siempre en ti y tú en Él.

Como decíamos en el capítulo 4, ya perteneces a Cristo y permaneces en Él. Recuerda que permanecer en Él significa creer en Él:

- Cree que todas las emociones de Cristo son tuyas. Su amor firme, puro y sacrificado es tuyo; Su gozo, Su celo por Su Padre, Su humildad… Él te los ha dado.

- Cree que estás firme y segura unida a Cristo. Eres parte de Su vid. Ninguna lucha emocional te puede arrancar de ese tronco fuerte que te aferra a Él.

- Cree que Cristo viviendo en ti puede dominar las emociones que a veces son más fuertes que tú.

> "Cree que Cristo viviendo en ti puede dominar las emociones que a veces son más fuertes que tú".

Si tus emociones te quieren hacer sentir que estás en un lugar de desesperanza o abandono, si quieren que pienses que Dios te ha olvidado porque no eres suficiente… cuéntales la historia del amor ferviente que el Padre te tiene en Cristo Jesús.

4. Háblale a tus emociones la verdad acerca de tus circunstancias

Tengo limitaciones físicas que a veces me afectan emocionalmente. Por un lado, hay ciertas comidas que me causan desánimo y tristeza.

Por otro lado, los cambios hormonales mensuales a veces también me producen una sensación de ansiedad y pánico. Igualmente, cuando no he hecho ejercicio por varias semanas, mi cuerpo tiene dificultad para manejar el estrés que se acumula por el hecho de que vivo en Oriente Medio, crio tres hijos y aprendo otro idioma sin contar con mucha ayuda. Mi cuerpo se satura más rápido y me afecta de manera particular la tentación de sentirme ansiosa sin razón aparente.

En esos momentos, mis emociones tratan de definir mi realidad. Me dicen:

- "Estás a punto de recibir muy malas noticias".
- "Esa tragedia que tanto temes, ocurrirá".
- "Tienes razón para sentirte culpable".
- "Heriste a tal o cual persona y con toda seguridad tendrás un conflicto con ella".
- "Ese dolor que tienes es cáncer".

> "Mientras más conozcas la verdad, más usará Dios lo que conoces acerca de Él para entrenar tu corazón".

Nuestras emociones son una respuesta a circunstancias reales. Te sientes ansiosa porque no tienes novio. O una amiga te ha traicionado y la ira parece que ha venido para quedarse. Tal vez hayas experimentado una pérdida muy difícil y tienes temor a sufrir una más.

Amiga querida, en esas circunstancias corre a tu Padre y corre a Su Palabra. Habla con Él, pero también escucha Su voz a través de Su Palabra. Deja que Su Palabra hable a tus emociones. Mientras más conozcas la verdad, más usará Dios lo que conoces acerca de Él para entrenar tu corazón.

En estos días he sentido mi debilidad y mis limitaciones. El libro de Salmos ha reorientado mi corazón. Aquí te comparto algunos:

- El nombre de Dios es bueno y digno de confianza (Salmo 54:6).
- El que espera en el Señor nunca es avergonzado (Salmo 25:3).
- Todos los caminos del Señor son misericordia y verdad para los que confían en Él (Salmo 25:10).
- Todo lo que Él hace lo hace por su fidelidad (Salmo 33:4).

Te invito a hacer lo mismo. Lee Salmos y deja que la Palabra —viva y eficaz— diagnostique tu corazón, renueve tu esperanza y alimente tu gozo.

Dios te ha creado con emociones. Es parte de Su buen plan que empezó desde el principio. Es cierto que el pecado distorsionó Su diseño. Pero Cristo nos ha redimido. Él nos ha redimido completamente. Eso incluye nuestras emociones. Ahora tenemos la vida perfecta de Cristo y su poder sobrenatural para reflejar la belleza emocional de Dios en nuestra vida. Por la fe en Cristo Jesús, regocíjate por cada oportunidad que tienes de depender de tu Padre en tu vida emocional.

> "Deja que la Palabra —viva y eficaz— diagnostique tu corazón, renueve tu esperanza y alimente tu gozo".

Hazlo personal

- Haz el siguiente ejercicio tantas veces como lo necesites: Toma una hoja de papel. Haz tres columnas. En la primera columna escribe tus circunstancias actuales. En la segunda, escribe cuál es tu reacción a lo que está pasando. Sé honesta y transparente, escribe tus emociones crudas. En la tercera columna, escribe la verdad acerca de Dios, de tus circunstancias y de tus emociones. Este es un ejemplo, en mi caso:

Circunstancias	Emociones	Verdad acerca de Dios y mis circunstancias
No estoy durmiendo bien. Tengo mucho dolor en la espalda y en el tobillo derecho. No he podido hacer ejercicio. Estoy rodeada de gente todo el tiempo y no tengo descanso. No tengo descanso con todas las cosas que tengo que hacer para mi familia.	Siento temor y pánico constante. Pensar en cocinar una comida más me causa ansiedad. No quiero estar con gente. Quiero que alguien me atienda a mí.	Mi Padre reina (Salmo 97:1) y está llevando a cabo su plan cósmico de reconciliar todas las cosas a través de Su Hijo (Efesios 1:19-20). Mi vida con la falta de sueño, dolor y exigencias constantes tiene un propósito dentro de ese gran plan. Todo mi sufrimiento está produciendo gloria (2 Corintios 4:17). Mi Dios hace que toda gracia abunde a fin de que teniendo siempre todo lo suficiente en todas las cosas, pueda abundar en toda buena obra (2 Corintios 9:8).

- ¿Quién define tu identidad? (para responder, no pienses en quién debería definirla, sino dónde tiendes a buscar realmente tu razón de ser y tu identidad).

- Cuando piensas en Dios, ¿qué es lo primero que viene a tu mente? Pídele que Su paternidad sea cada vez más real y preciosa para ti.

- Empieza un diario donde puedas escribir tus oraciones y hablar a Dios con toda franqueza—no sólo acerca de tus emociones sino también para recordar quien es Él y lo que te dice en Su Palabra. Por ejemplo, "Señor, me siento ansiosa acerca del examen de ciencias esta semana. Tú sabes todas las cosas. Tú me ves. Tú me amas. Por favor, calma mi corazón. Guarda mis pensamientos en ti".

- ¿Identificas a una mujer piadosa en tu iglesia con la que puedas hablar de tus emociones? Dios nos ha diseñado para vivir en comunidad y para caminar junto a otras mujeres que te recuerden que la verdad es un gran regalo. Acércate a ellas y procura cultivar una amistad en la que puedas ser transparente. Pídeles que te hablen verdad y te confronten cuando sea necesario.

ocho

DIOS HA PROVISTO UNA COMUNIDAD PARA MI CRECIMIENTO

por Susi Bixby

"Mami, ¿puedo tener WhatsApp? Todas mis compañeras lo tienen y no me siento conectada con ellas porque se hablan entre ellas cuando no están en la escuela, y yo me siento excluida" (Mi hija me dijo esto en su primer año de secundaria).

"Hola, te escribo para pedirte un consejo. Casi no tengo amigos cristianos, y donde me siento incluida es entre mis compañeros inconversos en el trabajo. Creo que corro un peligro ahí, pero no sé qué hacer, porque necesito sentir ese apoyo de comunidad de alguna manera" (Este fue uno de los mensajes que he recibido de jóvenes como tú).

Conexión. Inclusión. Aceptación. Aprobación. Apoyo. Comunidad. Todas buscamos estas cosas. ¡Fuimos hechas para experimentarlas!

¿Crees eso? ¿Crees que tu buen Creador y Diseñador quiere que tus necesidades y deseos emocionales y relacionales sean suplidos? ¿Crees que Él ha dispuesto una manera de sostenerte, animarte y madurarte para que no tengas que andar sola?

En los primeros capítulos de este libro, hemos podido comprender cómo Dios nos ha provisto su verdad, y los medios de gracia con los que Él hace posible nuestra relación con Él y nuestra perseverancia en su camino. Sin embargo, hay algo clave para nuestra vida que aún no hemos tratado: La iglesia.

La iglesia es algo raro. Solo pensar en "iglesia" produce reacciones muy variadas en las personas. Hay filósofos que estudian a las congregaciones para investigaciones sociales, porque no existe un paralelo semejante en la sociedad. Hay personas que observan a las iglesias desde afuera y forman opiniones muy fuertes, decidiendo si van a participar en algo semejante.

Otras personas, quizá como tú y como yo, hemos estado en iglesias por algún tiempo de nuestra vida, si no toda. Y aún así, entre nosotras, si pudiéramos sentarnos en un salón y compartir nuestras experiencias y opiniones, encontraríamos toda una gama de ellas.

¿Será tan importante mi actitud hacia la iglesia? Sé que debo leer mi Biblia, orar, creer el evangelio y la verdad, pero la iglesia es un poco más opcional, ¿no es así?

> "La Palabra nos enseña que la única forma correcta de andar en la verdad es hacerlo junto a un grupo de creyentes denominado 'iglesia local'".

¿NECESITO LA IGLESIA?

He hablado con personas que piensan que la iglesia no es más que un grupo de "pecadores hipócritas" y por eso piensan que pueden tener una relación con Dios por su propia cuenta. Puede ser que tú también lo hayas pensado en algún momento. Pero hay un problema con esa manera de pensar. Aunque es verdad que nuestra relación con Dios es personal e individual, eso no significa que Dios nos haya salvado para luego andar solas.

Aunque Su Palabra es suficiente para todas nuestras necesidades, esa misma Palabra nos enseña que la única forma correcta de andar en la verdad es hacerlo junto a un grupo de creyentes denominado "iglesia local".

Quizá te ayude a ti —como me ayudó tanto a mí siendo adolescente— recordar algo muy importante sobre tu diseño original. Piensa en el huerto de Edén. Dios creó a dos seres humanos, y les dio tareas que debían llevar a cabo, y un propósito que debían cumplir. Pero nunca quiso que lo hicieran solos. Desde el principio, Dios creó a Adán y a Eva de tal modo que necesitaban el uno del otro, y ambos necesitaban de Él. Dios recibe honra cuando estamos dispuestas a decir: "No puedo sola". En primer lugar, Él desea que reconozcamos nuestra enorme y urgente necesidad de Él. Y luego, como resultado natural, que veamos nuestra gran necesidad de emprender este viaje de la vida junto a otros creyentes.

> "Tú y yo necesitamos la iglesia".

Querida amiga, tú y yo necesitamos la iglesia.

Necesitamos la enseñanza, la convivencia, la confrontación, la convicción, el ánimo y los dones que nos ofrece una iglesia local. Desconozco las experiencias que has tenido en iglesias. Posiblemente has crecido física y espiritualmente junto a un grupo unido de personas que se llevan de maravilla y son tu familia extendida y amada. También entiendo que es posible que tu historial en iglesias no haya sido siempre positivo, que hayas sido lastimada, y que escuchar que necesitas la iglesia te provoque confusión.

No existe una iglesia perfecta. La realidad es que allí todas vamos a experimentar algún tipo de decepción. A pesar de que cada congregación que existe en este mundo está llena de pecadores, sigue siendo esencial para cada creyente —y parte del plan hermoso de Dios— pertenecer a una iglesia local. ¡Las enormes bendiciones que encontramos allí compensan de lejos las carencias!

¿QUÉ ES LA IGLESIA?

Si me acercara a un grupo de jóvenes y les preguntara ¿qué es la iglesia?, ¿qué respuestas darían? A lo mejor, dirían, *"Es un edificio donde se reúnen los hermanos varias veces a la semana"*. *"¡No! No puede ser un edificio. Es un grupo de personas que asisten al mismo lugar cada domingo y depositan su ofrenda. La ofrenda es muy importante. No eres parte de la iglesia a menos que des ofrenda". "Pues a mí me dijeron que son todos los creyentes en toda la historia de la humanidad que un día estaremos en la presencia del Señor".*

¡Es importante cerciorarnos de entender bien lo que es la iglesia! La iglesia es un grupo de personas pecadoras que han sido salvas por gracia por la fe en la obra de Cristo a su favor, y que han decidido unirse en comunión regular para practicar las ordenanzas (la cena del Señor y el bautismo) y caminar juntas en obediencia a la Palabra de Dios bajo el liderazgo y cuidado espiritual de pastores.

En otra palabra: *Koinonía.*

Suena extraño, ¿no? Como un nombre que sacarías en esos juegos tipo *Descubre cuál es tu nombre de Star Wars,* o algo así.

Es una palabra griega del Nuevo Testamento que se ha usado comúnmente en algunas iglesias para enseñar un concepto bíblico. Creo que entiendo por qué se ha empezado a utilizar. *Koinonía* significa comunidad, asociación o comunión. No obstante, estas palabras, en especial "comunión", han sido malentendidas y mal utilizadas en algunas de nuestras iglesias.

Por ejemplo, si tu pastor habla de la necesidad de "tener comunión" con hermanos en Cristo, ¿qué significa eso para ti? ¿Pizza y película? ¿Salir a evangelizar juntos? ¿Quedarnos después del culto a comer? Tu respuesta depende mucho de cómo se hagan las cosas en las iglesias a las cuales has asistido.

Cuando piensas en tu iglesia, ¿qué palabras o actividades vienen a tu mente? Amor, aburrimiento, adoración, Biblia, pleitos, obligación, predicación, amigos, diezmo, religión, servicio, crecimiento, PROBLEMAS... podrían ser algunas.

¿Por qué iría alguien a la iglesia? ¿Es para conseguir algo? ¿Crees que cada creyente debe poder encontrar una iglesia donde todo se hace según sus gustos? La iglesia es un lugar donde asisto para que Dios me bendiga y para que otros me sirvan, ¿no?

¡No! Ser parte de una iglesia es "tener a Cristo en común" con mis hermanos. Cristo es lo mejor que nos ha pasado en la vida, a ti y a mí y a cada persona que ha recibido el don de la fe y del arrepentimiento. Así pues, la iglesia no es un servicio de spa espiritual; es una comunidad cristiana donde se estimula al amor y a las buenas obras en adoración al Dios que nos salvó (Hebreos 10:24-25). La congregación local en la que Dios nos da el privilegio de participar es un milagro de Su gracia y un reflejo de Su amor por nosotras. No hay nada igual sobre esta tierra. Ningún grupo de personas, ni tu propia familia de sangre, puede suplirte lo que la iglesia puede, por medio de Cristo.

> "La congregación local en la que Dios nos da el privilegio de participar es un milagro de Su gracia y un reflejo de Su amor por nosotras".

Es muy importante que sepamos que la iglesia, cualquier iglesia a la que tú y yo asistamos a todo lo largo de la vida, se compone de pecadores. Alguien dijo que no podemos pensar en la iglesia como un museo, donde van los seguidores de Cristo para lucir y modelar su espiritualidad. Tenemos que pensar en ella como un hospital donde llegan pecadores necesitados (¡yo me incluyo!) con problemas serios, para recibir ayuda de otros pecadores. En este hospital podemos encontrar la verdad predicada de manera imperfecta, el discipulado practicado de manera incompleta, y una convivencia problemática. ¡Pero todo esto puede glorificar a Dios y edificarnos para servicio a Él! Y paradójicamente ¡puede ser una fuente de mucho gozo!

En la actualidad, la gran mayoría de jóvenes esperan perfección, y creen que la falta de perfección es hipocresía. Pero no es así, porque nadie es perfecto. Necesitamos ser parte de un cuerpo local de creyentes imperfectos, y esas mismas faltas van a contribuir a nuestra santificación. Veamos lo que tiene la iglesia local y que tú tanto necesitas. Quizá te sorprendas.

¿POR QUÉ NECESITO LA IGLESIA?

Para ampliar un poco y ayudarte a entender lo que quiero decir, te presentaré varias formas como necesitas considerar la iglesia y la *koinonía* como una disciplina espiritual indispensable para permanecer firme en la verdad.

Necesitas la instrucción clara y frecuente de la Palabra

Puedes escuchar un montón de podcasts con enseñanza excelente, leer mucho material bíblico en línea, y leer tu Biblia todos los días, pero eso no es suficiente. Necesitas la predicación de hombres fieles a la Palabra de Dios. Necesitas estar rodeada de otros jóvenes y mujeres que te conocen. Ellos te pueden pedir cuentas por lo que aprenden juntos, y esta interacción te servirá de mucho ánimo en los altibajos de tu caminar diario.

Es importante entender que la disciplina de estar a solas con la Palabra y la de escucharla en la iglesia suplen necesidades diferentes. No funcionan completamente por separado, pero tampoco la una sin la otra. Por ejemplo, no podemos excusar nuestra falta de asistencia a la iglesia diciendo que ya leímos la Biblia durante la semana. Escuchar la predicación de la Palabra el domingo y procesarla con otros creyentes aumentará tu entendimiento en casa cuando la lees, y viceversa. Ambas prácticas son necesarias, y se complementan entre sí. ¡Hay tanto por crecer! ¡Hay tanto por aprender! No te conformes con la idea de que no necesitas ser enseñada por otros.

Necesitas practicar la obediencia constante mediante tu asistencia y participación fiel

¿Qué haces cuando vas a la iglesia? ¡Declaras tu lealtad y obediencia a Dios! Una manera de practicar *koinonía* con nuestros hermanos es negarnos a nosotras mismas —y nuestro deseo de quedarnos en la cama, o de hacer otra cosa que nos gusta— para ir a la iglesia. Podemos animar a otros hermanos a hacer lo mismo. Testificamos a los inconversos de cuánto valoramos a Dios, Su Palabra y su Iglesia. La iglesia me entrena a renunciar continuamente a mis deseos y a obedecer gozosamente al asistir, servir, y ayudar a hermanos necesitados.

¡No quiero que te lleves la idea de que yo despierto cada domingo con ganas incontenibles de alistarme e ir a la iglesia! Te confieso que, aun desde que soy esposa de pastor, algunos días no siento deseos de asistir a la iglesia. Pero sin excepción, cada vez que salgo de la iglesia me pregunto "¿en qué estaba pensando?". El gozo que la Palabra de Dios y la convivencia con los hermanos me producen era justo lo que necesitaba.

Ahora quisiera hablarte desde dos puntos de vista diferentes. Primero, como madre de adolescentes, sé que ya sabes que los padres no somos perfectos. Nos equivocamos. A veces vamos a la iglesia con malas actitudes. A menudo no participamos como deberíamos, nos desanimamos, nos ocupamos con la vida y desatendemos lo más importante. Necesitamos la iglesia igual que ustedes las jóvenes. Y cuando vemos un deseo genuino, y un esfuerzo de su parte de asistir y servir, eso nos anima a seguir adelante. Hay pocas cosas que traigan más gozo a mi corazón que ver a mis hijos con ganas de ir a la iglesia, de adorar, de escuchar la predicación atentamente, y de tener comunión con los hermanos. ¡Todos lo necesitamos!

En segundo lugar, como esposa de pastor, te puedo decir que pocas cosas animan tanto al liderazgo de la iglesia como los hermanos que gozosa y puntualmente llegan cada domingo a participar en la adoración y el servicio en la iglesia, mostrando un genuino interés en la predicación de la Palabra y dando testimonio de la obra de Dios en sus vidas entre semana.

¿Por qué anima tanto esto? No solo porque haya cuerpos calentando bancas, maestros disponibles para los niños, más dinero en la ofrenda o más ojos abiertos mirando al pastor mientras predica. Estas cosas son buenas y deseables en cierta manera. Pero no es el punto. Los hermanos que demuestran fidelidad en su asistencia y participación gozosa están viviendo en obediencia a Dios y de esa manera lo glorifican. Esto trae gozo al corazón de cada pastor y líder, porque ellos sirven con el fin de glorificar a Dios y ver a su pueblo crecer.

¡Asistir y participar fielmente en tu iglesia también te trae gozo! Como Dios nos diseñó para disfrutar conexión y comunidad, y para disfrutar la adoración a Él, el resultado natural de obedecerle en esta área es un gozo muy especial. Cuando estás en tu iglesia cada domingo te estás uniendo a los miles de creyentes que de generación en generación han formado parte de algo más grande que ellos mismos: El avance del reino de Dios sobre esta tierra por medio de la iglesia local.

Necesitas crecer en comunidad

Hay una palabra muy importante que expresa el crecimiento entre hermanos en una iglesia. La habrás escuchado seguramente. Es *"discipulado"*. Quizá pensaste que el discipulado es un programa de 12 semanas que uno debe hacer cuando se convierte, o cuando andas muy rebelde y te meten en un curso de discipulado. Pero el discipulado es mucho, mucho más. ¡El discipulado describe el estilo de vida que los creyentes de una iglesia local deben vivir entre sí!

La *koinonía* no siempre es placentera. Estamos hablando de pecadores de diferentes edades, trasfondos, personalidades y debilidades que forman un solo cuerpo de creyentes en una iglesia local. ¡La persona que piense que deberían estar exentos de problemas no es realista! Dios utiliza el roce constante con otros pecadores redimidos —que progresan hacia la santificación que un día experimentarán por completo en sus cuerpos glorificados— para revelar el pecado que nos estorba. En otras palabras, los miembros de tu iglesia local son instrumentos escogidos por Dios para ayudarte a crecer cada día.

> "Los miembros de tu iglesia local son instrumentos escogidos por Dios para ayudarte a crecer cada día".

Para que tú y yo crezcamos en santidad, necesitamos continuamente confesar y abandonar el pecado (Santiago 5:16), crecer en el conocimiento de Dios y Su Palabra (2 Pedro 3:18), desarrollar un deleite por la gloria de Dios (1 Corintios 10:31), y producir el fruto del Espíritu (Gálatas 5:22-23). ¡El discipulado ayuda en cada una de estas áreas! Y ocurre en los escenarios más sencillos. Pueden ser conversaciones informales con una amiga madura en la fe, estudios bíblicos en el grupo de jóvenes, un momento de confrontación por parte de una hermana mayor en la fe, o una plática con tus padres en la mesa cuando les preguntas sobre algo en la predicación que acaban de escuchar ese día. Nos necesitamos los unos a los otros, y el discipulado frecuente es clave para nuestro crecimiento.

Necesitas a las otras mujeres en la iglesia local

Hay un pasaje que describe de manera especial el discipulado de las mujeres en la iglesia. ¿Conoces la enseñanza de Tito 2:3-5? Cuando estudiamos este pasaje a la luz de su contexto general, que es todo el libro de Tito, es verdaderamente impresionante. Dios ha diseñado la iglesia local para que la relación entre las mujeres de diferentes edades contribuya a su mutuo crecimiento espiritual. Esta relación también sirve para librar a las jóvenes de blasfemar el evangelio, y para motivar a todas a glorificar a Dios en su vida cotidiana práctica. ¡Este es un pasaje clave para las jóvenes en la iglesia!

Muchas jóvenes solteras tienen la impresión de que este pasaje no las concierne porque parece enfocarse en asuntos que tienen que ver con mujeres casadas. Tito 2 describe a mujeres mayores y maduras en la fe que invierten tiempo y esfuerzo en animar e instruir a mujeres más jóvenes con la intención de desarrollar un carácter piadoso en el contexto de las relaciones. Nos enseña que necesitamos entrenarnos las unas a las otras a vivir de acuerdo con la sana doctrina de forma práctica.

El matrimonio o la maternidad no son un prerrequisito para

> "Dios ha diseñado la iglesia local para que la relación entre las mujeres de diferentes edades contribuya a su mutuo crecimiento espiritual".

La iglesia del Dios vivo es columna y sostén de la verdad

1 TIMOTEO 3:15

(NBLA)

cultivar una vida caracterizada por la pureza, la bondad, la prudencia y un amor por el diseño de Dios para la familia. Ya sea que Dios te llame a la soltería o al matrimonio, necesitas aprender cómo ser una dadora de vida a aquellos que te rodean, ya sea a la familia de la fe, a un esposo o a tus hijos.

Y si el matrimonio fuera la voluntad de Dios para ti, ¿crees que una mujer joven llega al punto de casarse y de repente, como algo mágico o automático, ella se convierte en una persona que busca ser discipulada? Para que una mujer mayor pueda discipular a una joven, ella tiene que dejarse instruir. Tiene que reconocer su necesidad de instrucción. Y te garantizo —por experiencia propia— que casarte y tener hijos no te hace automáticamente "enseñable".

Como mujer que va llegando al punto de tener que admitir que es más "anciana" que "joven", puedo decirte que las mujeres jóvenes en mi iglesia con las que tengo una mejor relación tipo "Tito 2" son las que buscaron consejo y discipulado desde sus días de adolescencia. Al desarrollar un espíritu humilde que busca ser instruida, ellas se prepararon para ser esa mujer joven de Tito 2. Y lo hermoso es que ahora, aún siendo muy jóvenes, Dios las empieza a usar como "ancianas" con las adolescentes. ¡Tito 2 no se limita a mujeres casadas! Tú necesitas a las mujeres de tu iglesia, y tú puedes servir a otras más jóvenes.

Necesitas los dones de tus hermanos en Cristo y ellos necesitan los tuyos

He escuchado a las jóvenes decir "pero es que yo realmente no tengo dones". ¡No te creas esa mentira! Haz un estudio personal de los dones espirituales en el Nuevo Testamento (Efesios 4; 1 Corintios 12), y pasa tiempo en oración pidiendo a Dios que te ayude a entender cómo Él obra por medio de los dones de cada miembro.

Los dones no solo son de enseñanza o de música. También hay dones de misericordia, generosidad, compasión y servicio. Dios te ha puesto en un cuerpo local de creyentes donde tú eres quizá el tobillo o una costilla. Sin el servicio y el ánimo que puedes aportar, ese cuerpo no está completo. Recuerda que esto significa que tú también necesitas a otros hermanos. Necesitas ser ministrada por la enseñanza, el ánimo, la reprensión y el amor de los demás.

¿Y SI NO ME GUSTA MI IGLESIA?

Tal vez pienses que no puedes experimentar muchas de estas cosas que describo porque no tienes una iglesia sana dónde asistir. Quiero ayudarte a pensar un momento en cómo tomar una decisión sobre la iglesia. Entiendo que una gran variedad de jóvenes con situaciones de vida muy diferentes puede estar leyendo este libro. Así que en lugar de presentar soluciones específicas, te ofrezco principios que puedes aplicar de acuerdo a tu situación.

Autoridad de los padres

Si vives con tus padres, bajo su tutela y provisión, la Biblia te manda vivir en obediencia y honra hacia ellos (Efesios 6:1-3). Si tus padres son creyentes, y ellos asisten a una iglesia, lo más probable es que debas acompañarlos a esa iglesia fielmente y con buena actitud. Si tus padres no son cristianos, pero te permiten asistir a una iglesia, entonces tienes más libertad para escoger. Quiero destacar este punto de la autoridad de los padres y la bendición que Dios promete a los hijos que les obedecen y honran, porque existe un peligro para una joven que empieza a analizar los problemas de su iglesia y cree que necesita buscar otra.

Es bueno que crezcas en discernimiento y que puedas detectar el error. Es aceptable acercarte con respeto a tus padres o líderes y expresar tus preocupaciones. Pero no es correcto desobedecer a tus padres en cuanto a asistencia o servicio, ni faltarles al respeto con acusaciones o crítica. Es mejor que obedezcas a Dios y asistas bajo la autoridad de tus padres a una iglesia deficiente, confiada en que Dios contestará tus oraciones sinceras y frecuentes. Dios te llama a la obediencia y la sumisión gozosa a tus padres y autoridades espirituales.

Requisitos bíblicos frente a preferencias personales

¿Has detectado en esta generación una tendencia exagerada a buscar que todo se haga a su gusto? El mundo grita un mensaje de autocomplacencia en cada ámbito de la vida. Si eres una joven adulta que tiene la libertad de decidir por su propia cuenta a cuál iglesia asistir, o tus padres no te llevan a una iglesia, te quiero animar a que busques una iglesia según los requisitos bíblicos y no según tus preferencias.

Si llegas a una iglesia y lo primero que escuchas es la música (porque esto suele ser lo primero que observamos al llegar a una iglesia nueva), abstente de reaccionar inmediatamente pensando, "yo no podría aguantar esta música aburrida cada domingo", o "esta música tan ruidosa no puede ser de adoración, no me criaron así". Si te das cuenta de que los niños no tienen clases, sino que todos están en el culto de predicación, no des por hecho que está mal. Si la ofrenda se recoge *después* de la predicación y no *antes*, si el pastor no lleva corbata o va muy formal, si no utiliza tu versión de la Biblia preferida, (y podría seguir pero ¡creo que entiendes el punto!), detente un momento, deja a un lado tus preferencias y evalúa los requisitos bíblicos de una iglesia local.

¿Se predica fielmente la Palabra, el contenido del pasaje, y no solo las ideas de un hombre? ¿El evangelio y la persona de Jesucristo son el centro de la enseñanza? Este es el requisito número uno. ¿Por qué? Porque una iglesia que tiene en gran estima la Palabra de Dios, y se rige por ella, está bajo la protección del Espíritu Santo que utiliza la Palabra en las vidas de sus hijos, protegiéndolos del error y produciendo santidad. Podrás encontrar muchas cosas que no se hacen como prefieres, pero son secundarias.

Oración de fe y rendición sincera

Dios quiere que tú seas parte de una iglesia que contribuya a tu crecimiento espiritual y con la que tú puedas glorificarle. ¿Lo crees? Entonces ora fervientemente pidiendo sabiduría y dirección. Rinde tus deseos a Dios, sabiendo que posiblemente Él quiera que te quedes donde estés por un tiempo, o que pases una temporada de soledad, o que estés incómoda en tu iglesia. Dios puede usar todo esto para nuestro bien. Él pide fe y rendición. Confía en que Él está obrando para tu bien, tu crecimiento y para Su gloria (Romanos 8:28-29).

Más que darte información, he querido convencerte y animarte a considerar tu actitud y perspectiva frente a la iglesia:

- Si hasta ahora la has visto como un lugar dónde conseguir algo, ¿por qué no empiezas a orar porque Dios te dé un corazón que quiera dar y servir?

- Si has acostumbrado ver la iglesia como una obligación o deber, ¿por qué no le pides a Dios el gozo y el deleite de pertenecer a un cuerpo que tiene a Cristo como cabeza?

- Si has creído que la iglesia es un club social en el que te relacionas solo con chicas de tu edad, ¿por qué no oras que Dios te permita desarrollar relaciones llenas del evangelio con mujeres mayores maduras en la fe?

- Si te caracterizas por criticar e impacientarte con otros hermanos, ¿por qué no buscas apreciar los dones de los otros miembros de tu cuerpo local, y empiezas a orar por sus necesidades?

Amiga joven, sigue escuchando a predicadores centrados en la verdad, sigue leyendo buenos artículos en los blogs de Aviva Nuestros Corazones y otros ministerios sólidos. Sigue escuchando tus podcasts cristianos favoritos, sigue adorando sola en tu casa con tu grupo preferido de música cristiana, sigue disfrutando la comunidad como parte de un grupo en línea, (y, por su puesto, ¡haz todo esto con discreción!), ¡pero no te pierdas de la inigualable bendición que supone ser miembro activo y comprometido de una iglesia local!

La iglesia no es un *track* opcional para los que no aguantan caminar solos. La iglesia es el plan perfecto de tu Dios redentor para que tú disfrutes de una relación más profunda con Él y con tu familia en la fe. ¡Qué Dios nos ayude a deleitarnos en este maravilloso regalo que es la iglesia!

Hazlo personal

- ¿Cuál ha sido tu actitud hacia la iglesia como concepto general, y hacia tu propia iglesia específicamente? Anota una actitud positiva y una negativa que hayas detectado en tu corazón mientras leías este capítulo.

- ¿Tienes una confianza segura en que Dios es fiel y suplirá lo que necesitas en y por medio de la iglesia local donde Él te coloca?

- Haz una lista de por lo menos diez bendiciones y motivos de gozo que puedes tener en tu iglesia.

- ¿Participas fielmente en escuchar atentamente la Palabra, servir al lado de tus hermanos y buscar comunión? Si no es así, ¿cuáles pasos prácticos debes tomar para crecer en estas áreas?

nueve

NECESITO RELACIONES QUE HONREN A CRISTO

por Kelly Needham

Durante los veranos de mis primeros años universitarios trabajé en una agencia de empleos temporales. Básicamente me contrataron para reemplazar empleados en diferentes compañías que se ausentaban por motivo de viaje o maternidad. Mis tareas consistían en responder llamadas telefónicas, saludar clientes, organizar archivos e ingresar información en formularios de computadora, entre otras. A algunos esto puede parecerles aburrido, ¡pero a mí me fascinó! ¡Soy dichosa haciendo tareas aburridas y repetitivas!

Algo que aprendí de todos mis jefes fue lo siguiente: mientras que yo cumpliera con el trabajo y lo hiciera rápido, ellos estaban contentos. Importaba muy poco lo que yo hiciera aparte del trabajo, siempre y cuando yo cumpliera con las tareas que me asignaban en la oficina.

De modo que si yo empezaba a salir con mis amigos cada noche hasta la una de la mañana, a mi jefe no le importaba, siempre y cuando eso no afectara mi trabajo. Si conocía a un chico y empezaba a dormir en su apartamento, a mi jefe no le importaba, siempre y cuando eso no afectara mi trabajo. Si tenía muchos seguidores en las redes sociales y me volvía adicta al teléfono, a mi jefe no le importaba para nada, siempre y cuando yo pudiera cumplir con mi trabajo.

En cambio, ¿puedo decirte a quién sí le importaría todo esto? ¿Me permites decirte quién se enojaría si todos esos cambios empezaran a suceder en este momento de mi vida? A mi esposo.

A mi esposo le importaría en gran manera que yo no llegue a casa para cenar con él y en lugar de eso salga hasta tarde con mis amigos. A mi esposo le preocuparía en gran manera que yo cultive una relación con otro hombre y duerma en su casa. A mi esposo le importaría en gran manera que yo viva más cautivada por la atención de extraños en las redes sociales que pendiente de su atención. A mi esposo le importaría todo eso porque yo no trabajo para él, sino que tengo una relación con él, una relación exclusiva de pacto.

> "No trabajamos para Dios, sino que estamos en una relación con Él, una relación exclusiva de pacto".

Este capítulo trata acerca de la verdad de que necesitamos relaciones que honren a Cristo. Y para empezar quiero hacerte la pregunta: ¿Por qué? ¿Por qué necesitamos relaciones que honren a Cristo? ¿Por qué a Dios le importan tanto nuestras relaciones? Porque nosotras no trabajamos para Dios, sino que estamos en una relación con Él, una relación exclusiva de pacto.

Dios no es como nuestro jefe, Él es como un esposo para nosotras. Volverse cristiana no es como empezar un nuevo empleo en el que simplemente cumples las tareas que Dios te asigna. Volverse cristiana es como casarse, es entrar en una relación exclusiva de pacto con un esposo al que le importa más tu corazón para con Él y tu unión con Él que cualquier otra cosa.

Encontramos esta clase de lenguaje alusivo al matrimonio a todo lo largo de la Biblia. Cuando Dios habla a su pueblo en el exilio por medio del profeta Isaías, Él dice: "'Porque *tu esposo* es tu Hacedor, el Señor de los ejércitos es Su nombre; y tu Redentor es el Santo de Israel, que se llama Dios de toda la tierra. Porque como a mujer abandonada y afligida de espíritu, te ha llamado el Señor, y como a esposa de la juventud que es repudiada', dice tu Dios" (Isaías 54:5-6, cursivas añadidas).

El propio matrimonio de Oseas, el profeta del Antiguo Testamento, se convirtió en una parábola del mensaje de Dios a su pueblo acerca de cómo se sentía Él respecto al pecado de ellos. Lo dijo con toda claridad; Dios ve a su pueblo como un esposo ve a su esposa. Escucha el lenguaje que emplea Dios para describir la manera como salvará a su pueblo: "Al llegar ese día, —dice el Señor—, me llamarás 'esposo mío' en vez de 'mi señor'… Te haré mi esposa para siempre, mostrándote rectitud y justicia, amor inagotable y compasión. Te seré fiel y te haré mía y por fin me conocerás como el Señor" (Oseas 2:16, 19-20, NTV, cursivas añadidas).

Y solo para dejarlo más claro, el apóstol Pablo nos dice explícitamente que somos la novia de Cristo, que el matrimonio es la sombra de ello y que nuestra unión con Jesús como un cuerpo es la sustancia: "Por esto el hombre dejará a su padre y a su madre, y se unirá a su mujer, y los dos serán una sola carne. Grande es este misterio, pero hablo con referencia a Cristo y a la iglesia" (Efesios 5:31-32).

> "¡La razón por la cual somos salvas es poder estar con Dios!".

Como leíste en el capítulo cuatro, ¡fuimos salvas con el único propósito de estar en unión con Dios! Cuando Jesús pagó por nuestros pecados, lo hizo para sacarnos de la prisión de la muerte y llevarnos a su propia casa, no una casa cualquiera. Cuando Jesús vivió de manera perfecta para nosotras, lo hizo para vestirnos con una túnica blanca y pura de justicia a fin de que lleguemos a ser *Su* novia, no la novia de cualquier otro. Cuando Jesús resucitó de los muertos silenció a todos nuestros acusadores y antiguos amantes, demostrando que Él es poderoso para siempre para guardar las promesas que nos ha hecho como nuestro único esposo verdadero.

¿Para qué resucitamos de muerte a vida por el poder del evangelio? ¿Es solo para librarnos de ir al infierno? ¿Es solo para que seamos mejores personas? ¡No! ¡La razón por la cual somos salvas es poder estar con Dios! Para que podamos conocerlo como una esposa conoce a un esposo. Para que podamos encontrar la plenitud de gozo que viene de estar con Él. Pedro dijo: "Porque también Cristo murió por los pecados una sola vez, el justo por los injustos, *para llevarnos a Dios*" (1 Pedro 3:18, cursivas añadidas).

Entonces, ¿por qué necesitamos relaciones que honren a Cristo? Porque cuando somos salvas por Jesús y empezamos a seguirle, Él se convierte en nuestro esposo verdadero. No lo vemos como un jefe que quiere que cumplamos con una actividad religiosa. Lo vemos como un esposo que quiere todo nuestro corazón y nuestro afecto sin reservas. Y eso significa que cuando nuestras otras relaciones no lo honran, tenemos un problema grave.

EL ORDEN IMPORTA

¿Qué clase de relaciones honran a Jesús? ¿Cómo podemos asegurarnos de que nuestras amistades, nuestras relaciones laborales y todas las demás sean saludables?

Nuestras relaciones pueden parecer muy complejas. Puede ser difícil saber qué hacer en una situación determinada. ¿Es mi amistad perjudicial? ¿Debería ponerle fin o seguir adelante? ¿Debería ser amiga de este chico o mantenerme alejada? ¿Debería seguir a esta persona en las redes sociales? ¿Debería salir con esta persona en la universidad? ¿Cómo conectar con personas en mi negocio de tal manera que honre a Jesús? ¿Cómo reacciono cuando mi amiga me traiciona? ¿O frente al acoso de los chicos de la escuela? ¿Debería tener amigos incrédulos? ¿Qué debo hacer si me siento sola en la iglesia?

Sí, ¡a veces puede ser muy confuso! Pero hay una fórmula sencilla que podemos usar para evaluar nuestras relaciones y asegurarnos de que sean saludables. Y encontramos esa fórmula en la respuesta de Jesús a esta pregunta: "Maestro, ¿cuál es el gran mandamiento de la ley?" (Mateo 22:36). Ahora bien, presta atención a la respuesta de

Ama 1. a Dios con todo tu corazón y a tu prójimo como a ti misma

MATEO 22:37-40
(NBLA)

Jesús en el versículo que sigue: "Y Él le contestó: 'AMARÁS AL SEÑOR TU DIOS CON TODO TU CORAZÓN, Y CON TODA TU ALMA, Y CON TODA TU MENTE. Este es el grande y *primer* mandamiento. Y el *segundo* es semejante a este: AMARÁS A TU PRÓJIMO COMO A TI MISMO. De estos dos mandamientos dependen toda la ley y los profetas'" (Mateo 22:37-40, cursivas añadidas).

> " Las relaciones saludables que honran a Cristo ocupan siempre el segundo lugar y nunca el tercero ".

Las relaciones que honran a Cristo son primordialmente una cuestión de orden. Primero: Ama a Dios con todo tu ser. Segundo: Ama a tu prójimo como a ti misma. Y en el tercer y último lugar estamos nosotras. Todo el asunto se trata de preservar ese orden, de permanecer firmes en esa verdad.

Estos mandamientos son como dos barandas a los lados de un puente, que nos protegen conforme navegamos las diferentes relaciones. Debemos asegurarnos de que amar a Dios sea siempre nuestra máxima prioridad, y resistir nuestras tendencias egoístas poniéndonos en el último lugar. Las relaciones saludables que honran a Cristo ocupan siempre el segundo lugar y nunca el tercero.

SIEMPRE SEGUNDO

Como todo buen esposo, Dios exige nuestra lealtad absoluta. Él siempre debe ser el primero. Él no se contenta con compartir nuestros afectos con nadie más. ¡Y eso es maravilloso! ¿Qué tan amada te sentirías si tu esposo te dijera "oye, si alguna vez quieres engañarme, está bien. Siempre y cuando me ames como amas a otro, estamos bien"?. Olvídalo. ¿Quién desearía un matrimonio semejante? Todo buen matrimonio incluye una medida saludable de celos. Es una señal de la profunda devoción mutua entre los esposos.

Por eso Dios mismo se llama a Sí mismo "Celoso". Él desea, como corresponde, nuestra devoción exclusiva. En Éxodo 34:14, Dios exigió que su pueblo destruyera todos sus ídolos, diciendo: "No adorarás a ningún otro dios, ya que el Señor, cuyo nombre es Celoso, es Dios celoso". Recuerda que los celos no son envidia. La envidia es querer algo que otro tiene. En cambio, los celos son una intolerancia a los rivales. Y Dios no va a tolerar que haya rivales en nuestros corazones.

Así pues, esto nos da nuestra primera directriz para construir relaciones en tu vida que honren a Cristo: Siempre deben estar en segundo lugar. Ninguna relación, sin importar cuán significativa sea para nosotras, debe ocupar el primer lugar en nuestro corazón. Hacerlo sería deshonrar a Cristo y el lugar que solo Él debería ocupar en nuestra vida.

Encontramos este tema constantemente en el libro de Deuteronomio. Moisés se dirige a los israelitas antes de que entren en la tierra prometida, y les advierte que se guarden de la idolatría. Escucha lo que dice en Deuteronomio 13:6-10:

> Si tu hermano, el hijo de tu madre, o tu hijo, o tu hija, o la mujer que amas, o tu amigo entrañable, te invita en secreto, diciendo: "Vamos y sirvamos a otros dioses" (a quienes ni tú ni tus padres han conocido, de los dioses de los pueblos que te rodean, cerca o lejos de ti, de un término a la tierra al otro), no cederás ni le escucharás; y tu ojo no tendrá piedad de él, tampoco lo perdonarás y encubrirás, sino que ciertamente lo matarás; tu mano será la primera contra él para matarlo, y después la mano de todo el pueblo. Lo apedrearás hasta que muera porque él trató de apartarte del Señor tu Dios que te sacó de la tierra de Egipto, de la casa de servidumbre".

> "Dios es serio respecto a tener nuestro corazón en su totalidad".

Dios es serio respecto a tener nuestro corazón en su totalidad. No te preocupes, ya no estamos bajo la ley del Antiguo Testamento, de modo que no hace falta salir a buscar piedras. Sin embargo, el Dios que pronunció esas palabras es el mismo Dios al que amamos y servimos hoy. Su carácter no cambia. De modo que podemos aprender algo muy importante de este pasaje, específicamente cómo se siente Dios respecto a la idolatría y cómo permitimos que otras cosas tomen Su lugar en nuestro corazón. Él no va a permitirlo. No importa cuán valiosas sean las personas que nos desvíen. Aun si son nuestros amigos más cercanos, "un amigo entrañable", si nos desvían de Dios se convierten en nuestros enemigos.

¿QUIÉN ES LA VOZ MÁS POTENTE?

¿Cómo podemos determinar si una relación se ha salido del orden debido? ¿Cómo podemos decir que ya no es secundaria y ha pasado a usurpar el lugar de Dios? Podemos empezar por preguntarnos: ¿Quién tiene la voz más potente en nuestra vida? ¿La autoridad de quién escuchamos? ¿La opinión de quién importa más? ¿El amor de quién ansiamos más? Si la respuesta a estas preguntas es alguien aparte de Jesús, entonces esas relaciones están fuera de orden.

Veamos algunas afirmaciones que hizo Jesús para ver cómo otras relaciones pueden competir con su voz en nuestra vida. Jesús dijo: "Si ustedes me aman, guardarán Mis mandamientos" (Juan 14:15). Así pues, cuando una relación me lleva sistemáticamente a desobedecer los mandamientos de Dios, ha usurpado el primer lugar. He aquí algunos ejemplos de cómo puede presentarse esta situación:

- Dios nos pide ser sexualmente puras, reservar cualquier expresión sexual para el matrimonio con un hombre. De modo que si una relación nos tienta a menudo a expresar nuestra sexualidad por fuera del matrimonio, Dios no es el primero en nuestra vida.

- Dios nos pide amar a otros de manera sacrificada, tal como nos amamos a nosotras mismas. De modo que si una relación nos incita a hacer daño a otros por medio del chisme, el acoso, la mentira, el engaño o el robo, Dios ya no es el primero en nuestra vida.

- Dios nos pide que no seamos adictas ni nos dejemos esclavizar por nada. De modo que si alguien en nuestra vida nos conduce a la adicción y nosotras le hacemos caso, hemos dejado que esa relación ocupe el primer lugar. O si nos hemos vuelto adictas a la presencia de un amigo, un novio o una amistad en línea y descubrimos que somos incapaces de pasar un solo día o unas pocas horas sin ver a esas personas o hablar con ellas, hemos permitido que usurpen el primer lugar.

Cualquier relación en nuestra vida que nos incite a desobedecer sistemáticamente los mandamientos de Dios no es una relación deseable, al menos no en la forma como se plantea en el presente. No quiero decir que no tengamos que luchar con el pecado, lo cual nos sucede a todas en algunos momentos. Pero un buen amigo nos ayuda a combatir el pecado, no nos facilita ceder a él.

Jesús también dijo: "El que ama al padre o a la madre más que a Mí, no es digno de Mí; y el que ama al hijo o a la hija más que a Mí, no es digno de Mí" (Mateo 10:37). Así pues, cada vez que preferimos el amor de otro por encima de Él, esa relación se ha vuelto demasiado importante.

> "Un buen amigo nos ayuda a combatir el pecado, no nos facilita ceder a él".

En una amistad, eso significa que cuando acudes a tu amiga antes que acudir a Jesús, algo está fuera de lugar. Si sientes que no puedes vivir un día sin tu amiga, pero puedes pasar semanas sin hablar con Jesús, eso no es saludable. Jesús debería ser nuestro amigo número uno, nuestro confidente, nuestra relación más importante. Y eso significa que todas nuestras amistades deben ocupar un lugar secundario. Cualquier amistad que nos tiente a alejarnos de Jesús debe ser confrontada.

Lo mismo se aplica a cualquier otra relación, ya sea un novio, un jefe, una compañera de habitación. Si esa relación compite con Jesús por la lealtad más profunda de nuestros corazones, no está bien. Si anhelamos el amor de alguien más que el amor de Dios, tenemos un problema de idolatría. En última instancia, si nos vemos obligadas a elegir entre Jesús o cualquier otra persona, deberíamos elegir siempre a Jesús, sin importar cómo afecte eso nuestras relaciones. Eso significa que nuestras relaciones deben ocupar siempre un segundo lugar.

> "Si anhelamos el amor de alguien más que el amor de Dios, tenemos un problema de idolatría".

Sí, ¡las personas en nuestra vida son una bendición! Pero cada vez que las bendiciones están por encima de Jesús y usurpan su lugar de mayor honor, es idolatría. Cualquier cosa a la que le entregamos nuestra máxima lealtad, y que no es Dios, es un ídolo. Esto significa que el mejor regalo que puede ofrecernos un amigo es el compromiso de luchar por nuestro gozo en Cristo y por nuestra comunión con Él. Por eso necesitamos amigos cristianos. Necesitamos a otras personas que nos ayuden a mantener a Cristo en el primer lugar, y a permanecer firmes en la verdad.

NUNCA TERCERO

Sabemos pues que nuestras relaciones con otras personas nunca deben usurpar el primer lugar. Pero eso no significa que debamos relegarlas. No, estamos llamadas a dar prioridad a los demás y a amar al prójimo antes que a nosotras mismas. Esto tampoco significa que debamos aislarnos diciendo "mientras tenga a Jesús estoy bien". No, no es bueno que vivamos solas. Necesitamos a otras personas. De modo que, si bien nuestras relaciones con los demás nunca pueden ser lo primero en nuestra vida, tampoco deben ser lo último. Debemos mantenerlas justo en medio, en segundo lugar.

Esto puede sonar como un mandamiento simple, pero es extremadamente difícil de poner en práctica, porque por naturaleza somos egocéntricas (¡gracias Adán y Eva!). También, porque con frecuencia ocultamos nuestro egoísmo en actividades agradables. Nuestro egoísmo en las relaciones es con frecuencia muy disimulado, sutil e imperceptible. Esto significa que debemos examinar más allá de nuestras acciones y empezar a evaluar los motivos en nuestras relaciones. ¿Por qué somos tan amables con aquella persona en la iglesia? ¿Por qué tenemos esa relación amorosa? ¿Por qué evitamos a esa persona en el trabajo o en la escuela? Puede que en apariencia no estemos haciendo algo malo, pero si nuestros motivos son egoístas, está mal.

En octavo grado decidí dar a todos mis amigos regalos de cumpleaños como nunca antes lo había hecho. Gasté más de lo acostumbrado para celebrar el día especial de mis amigos. Sin embargo, detrás de toda esa "generosidad", yo esperaba en lo secreto que ellos hicieran lo mismo por mí y recibir muchas atenciones cuando llegara mi cumpleaños. Por supuesto, ¡no hay nada malo en comprar regalos para otros! Pero en mi caso, yo solo daba para recibir algo a cambio. Era un egoísmo disfrazado.

Como cristianas, nunca está bien usar a otras personas para suplir nuestras necesidades. Estamos llamadas a poner sus necesidades por encima de las nuestras. Eso significa que no está bien que escojamos a nuestros amigos por el beneficio que ellos puedan aportarnos. No está bien ser amable con las personas que son admiradas y famosas porque pueden ayudarnos a mejorar nuestra imagen. No está bien usar nuestras cuentas de redes sociales para buscar que nos halaguen y vernos mejor a expensas de alguien. Sí, aún en línea estamos llamadas a ocupar el último lugar.

> "Puede que en apariencia no estemos haciendo algo malo, pero si nuestros motivos son egoístas, está mal".

Hay miles de formas como puede resultarnos tentador usar a otra persona para beneficio propio. Entonces ¿cómo sabemos si hacemos esto en una relación? Bueno, recordemos cómo nos mandó Jesús amar a los demás.

La noche antes de ser crucificado, Él dijo: "Un mandamiento nuevo les doy: 'que se amen los unos a los otros'; que como Yo los he amado, así también se amen los unos a los otros. En esto conocerán todos que son Mis discípulos, si se tienen amor los unos a los otros" (Juan 13:34-35). Jesús nos llama a amar como Él nos amó. ¿Y cómo nos amó Jesús? ¡Sacrificándose por nosotros! Él estuvo dispuesto a perder algo para que nosotros ganáramos algo.

Por tanto, lo que debe caracterizar nuestras relaciones con otros es el sacrificio personal. Deberíamos estar dispuestas a sacrificar nuestro orgullo, nuestra posición, nuestra popularidad, nuestra comodidad y nuestras preferencias por el bien de otros. Si los demás ocupan el segundo lugar, este tipo de sacrificios deberían ser parte de nuestra vida. Así pues, pregúntate: ¿cuándo fue la última vez que sacrificaste algo por el bien de otra persona?

> "¿Cuándo fue la última vez que sacrificaste algo por el bien de otra persona?".

Esto significa que somos personas que perdonan cuando otros nos fallan o nos traicionan. Esto significa que deberíamos ser siervas, llevar a cabo ante todo tareas indeseables que otros no ven. Esto significa que deberíamos ser evangelistas, volvernos amigas de nuestros vecinos, parientes y compañeros que no son creyentes, porque queremos que conozcan la esperanza que tenemos en Jesús. Esto significa que debemos ser misericordiosas, no devolver mal por mal y en lugar de eso hacer el bien a quienes nos traicionan, nos hacen daño y nos acosan. Con la fortaleza que Dios nos da, ponemos a los demás en segundo lugar, orando por los que son enemigos y amigos, y deseando su bien, no solo el nuestro.

Amar a otros de este modo es imposible si no has puesto a Dios primero. Solo cuando amamos a Dios diariamente con todo nuestro corazón, nuestra alma, nuestra mente y nuestras fuerzas encontramos la fortaleza para amar a otros de manera sacrificada. No es posible cumplir con este mandamiento si aún no has hecho lo primero. De manera que si todo parece imposible, empieza por buscar al Señor y cultivar tu relación con Él. A medida que tu corazón da a Jesús el lugar que le corresponde, su amor te facultará para amar verdaderamente a los demás.

¿QUÉ HACER ENTONCES?

No tengo idea de cuál sea tu situación personal. Puede que tengas padres piadosos o que vengas de una familia dividida. Puede que seas soltera o que tengas una relación amorosa. Puede que tengas excelentes amistades o sientas que nadie te conoce realmente. Tal vez has sido cristiana por mucho tiempo, o apenas acabas de conocer algo acerca de Jesús. Tal vez te encuentras en medio de una temporada difícil de sufrimiento y dificultad, o tal vez tu vida ha sido estupenda últimamente.

Aunque la situación de cada una de nosotras puede ser muy diferente, Jesús nos ha dado a todas los mismos mandamientos: Primero, ama a Dios con todo tu ser y, segundo, ama a otros de manera sacrificada. Repasemos cómo funciona esto.

Construir relaciones fuertes y saludables que honren a Cristo empieza con un compromiso de dar siempre a Dios el primer lugar. ¡Eso significa que nuestra prioridad diaria número uno es deleitarnos en el Señor! ¿Cómo se logra esto? Leyendo nuestra Biblia diariamente, orando y asistiendo a la iglesia con otros cristianos.

> " ¡Nuestra prioridad diaria número uno es deleitarnos en el Señor!".

Si todavía no has adquirido el hábito de leer tu Biblia y de orar diariamente, este es el primer paso que debes dar. Elige un tiempo y un lugar para encontrarte con Dios. Luego, escoge un libro de la Biblia que puedas leer completo. Lee nada más un capítulo diario y luego habla con Dios acerca de lo que aprendes, y escribe todas las preguntas que tengas. Esta práctica diaria de leer la Biblia y orar es lo que Dios usa con mayor frecuencia para hablarnos. ¡Y no te rindas! Persevera. No se trata de una solución rápida, sino de la decisión de profundizar en tu amor por Dios como un estilo de vida.

En segundo lugar, reconoce tu necesidad de establecer relaciones con otros cristianos. Necesitamos rodearnos de personas de carne y hueso, personas que también amen a Jesús y que puedan acompañarnos en nuestro caminar y en nuestra búsqueda del Señor. No basta con tener una buena amiga con quien hablas por Skype. Como leíste en el capítulo anterior, esa es la razón por la cual nos congregamos en la iglesia: porque reconocemos que es provechoso para nosotras amar a Dios y adorarlo en comunidad.

Cuando estamos solas es fácil darse por vencidas y ser blanco de la tentación del pecado y caer en idolatría. ¡Pero juntas permanecemos firmes al animarnos mutuamente a buscar al Señor y a darle el primer lugar! Es necesario que nuestro círculo social íntimo esté formado por otros cristianos que puedan estimularnos a amar al Señor y a servir a otros de manera sacrificada.

> "Es provechoso para nosotras amar a Dios y adorarlo en comunidad".

Por último, tomemos la decisión diaria de amar a otros como Jesús nos amó. No nos corresponde a nosotras elegir a quién amamos de ese modo; antes bien, hacemos lo que Él dijo: Amar a nuestro *prójimo* como a nosotras mismas. El prójimo es simplemente la persona que está a nuestro lado. Eso significa que cualquier persona que Dios pone diariamente en nuestro camino es alguien a quien estamos llamadas a amar de manera sacrificada y en la medida de nuestras posibilidades. Esa persona puede ser un compañero de clase, nuestros padres, hermanos, amigos, vecinos, jefes o colegas de trabajo. Cada día elegimos dar preferencia a los demás por encima de nosotras mismas.

A los oídos del mundo esto suena como una fórmula para el fracaso. ¿Quién desearía vivir de esa manera? ¿Ponerse en el último lugar? El reino de Dios es en verdad un reino al revés. Carece de sentido para el mundo. Sin embargo, Jesús nos garantizó que ese es el camino correcto:

> Y a todos les decía: "Si alguien quiere seguirme, niéguese a sí mismo, tome su cruz cada día y sígame. Porque el que quiera salvar su vida, la perderá, pero el que pierda su vida

por causa de Mí, ese la salvará. Pues, ¿de qué le sirve a un hombre haber ganado el mundo entero, si él mismo se destruye o se pierde?" (Lucas 9:23-25).

La forma de salvar tu vida es perderla. La forma como puedes beneficiarte a ti misma es ponerte en el último lugar. Esto es cierto para todos los que eligen seguir a Jesús. Primero Dios, segundo los demás,

> "Primero Dios, segundo los demás, tercero yo".

tercero yo. En ese orden hallamos vida, gozo, paz y prosperidad. Es así como veremos progresar nuestras relaciones con los demás.

Hazlo personal

- ¿Qué relación en tu vida se encuentra fuera de orden? Escribe un plan para asegurarte de que esa relación ocupe siempre el segundo y nunca el tercer lugar.

- ¿Qué mentiras culturales crees acerca de tus relaciones?

- ¿Ves a Dios como un jefe o como un esposo? ¿Te preocupa más hacer cosas para Dios o entregarle tu corazón sin reservas? ¿De qué manera este concepto de Dios afecta tus relaciones con otros? ¿Qué cambios necesitas hacer en tu relación con Dios?

- ¿La opinión de qué persona es la más importante para ti? O dicho de otra manera, ¿la desaprobación de quién es la que más te afecta? ¿Qué puede revelar esto acerca de tu corazón en esa relación?

- ¿Qué pasos prácticos debes dar en tu vida para lograr establecer relaciones saludables? (Por ejemplo: asistir a una iglesia, orar por amigos cristianos, tener una conversación franca con una amiga, confesar el pecado de idolatría a Dios en oración, etc.).

diez

DIOS ME HA DISEÑADO PARA SER SEXUALMENTE PURA

por Kristen Clark

*T*odavía recuerdo la lucha como si fuera ayer. Era soltera, a comienzos de mis veinte, y plenamente consciente de mis anhelos y deseos sexuales. Esperar hasta el matrimonio para experimentar el placer sexual me parecía una meta inalcanzable. Yo sabía que Dios me llamaba a defender la pureza en mi corazón, en mi mente y en mis acciones, pero sentía que era demasiado difícil. Me parecía imposible. Casi como un juego de espera cruel. ¿Por qué me daría Dios estos fuertes deseos sexuales siendo soltera y sin un medio para expresarlos? Con frustración en mi corazón, permití que mi mente divagara por lugares pecaminosos. Los pensamientos sexuales invadían mi imaginación, y cuando menos pensé estaba cediendo a la autocomplacencia carnal… otra vez. En esos momentos difíciles, mis deseos sexuales parecían más una maldición que una bendición.

Si en este momento luchas con anhelos y deseos sexuales, puede que sientas lo mismo que yo sentí en aquel entonces. Confusión. Frustración. Desánimo. Puede que incluso sientas que eres la única chica cristiana que al parecer no logra controlar sus deseos sexuales. Recuerdo esos sentimientos con toda claridad. Sin embargo, con el paso del tiempo, mis ojos se abrieron a una realidad que transformó mi vida. Yo no era la única chica cristiana en el mundo que luchaba con deseos sexuales y lujuria. A medida que leía libros y artículos cristianos acerca del tema de la pureza sexual, me di cuenta de que los deseos sexuales son parte de la experiencia y de las luchas de cada persona. También aprendí que la lujuria no era solo un problema de "chicos", sino un problema humano. Y en el sentido más amplio, comprendí que la lujuria era un problema *de pecado*.

Durante los últimos cinco años he trabajado en un ministerio para jóvenes cristianas llamado Girl Defined. Y durante este tiempo he recibido cientos de correos electrónicos de jóvenes cristianas que me piden ayuda para enfrentar sus luchas con el pecado sexual. Esto es lo que algunas me escribieron:

> *"Llevo mucho tiempo luchando con la pornografía, y no sé qué hacer. Me da vergüenza y me asusta que mi secreto se sepa. Necesito ayuda, pero no puedo conseguirla porque ve avergüenza demasiado contarlo".*

> *"La lujuria ha sido una lucha tanto en mi soltería como en mi relación amorosa".*

> *"Mi mente es una zona de guerra. La lujuria invade mis pensamientos casi de manera constante".*

> *"La lujuria y la pureza no son temas que se mencionen o de los que se hable y enseñe con frecuencia. Como joven cristiana me siento confundida y frustrada. Necesitamos que alguien hable con franqueza y nos ayude a entender lo que dice la Biblia acerca de este tema y cómo podemos llevar una vida pura delante del Señor, tanto física como mental y emocionalmente".*

Todas, sin excepción, batallamos con la lujuria y el pecado sexual. Ninguna de nosotras está exenta ni fuera de su alcance. Ya sean imaginaciones lujuriosas, pornografía, masturbación, promiscuidad sexual, una relación inmoral con un hombre, deseos por el mismo sexo o algo más, una cosa es evidente. Nosotras, como jóvenes cristianas, luchamos con el pecado sexual y la impureza.

En vez de enfrentar de manera despreocupada la lucha con nuestro pecado, es preciso que nos armemos para la batalla. Cuando experimentamos anhelos y deseos sexuales, tenemos que estar alerta y discernir si nuestros deseos honran a Dios o son pecaminosos. En lugar de sucumbir a nuestros sentimientos y deseos, debemos examinarlos a la luz de las Escrituras para discernir lo que es verdadero y justo.

> "Todas, sin excepción, batallamos con la lujuria y el pecado sexual".

Sin importar cuánto disfrutemos hacer las cosas a nuestra manera en determinado momento, Dios nos llama a honrarlo a Él por encima de nuestros deseos. Puede que hacer las cosas a nuestra manera sea el himno de nuestra cultura moderna, pero esto no conduce a una vida íntegra ni a la libertad sexual. En cambio, desvía más y más por el camino de la ruptura y la impureza sexual.

RESISTE LAS MENTIRAS DE NUESTRO MUNDO SEDUCTOR

Me metí en la cama y encendí la lámpara. Era tarde. Estaba cansada. Pero eso no me impidió ponerme a leer la novela romántica, que es mi género literario favorito. Justifiqué mis acciones y me convencí a mí misma de que esas eran novelas inocentes y limpias. ¿Qué daño podrían causar? Devoré esa clase de libro uno tras otro. Releía las escenas más picantes una y otra vez. Me ponía en los zapatos de los personajes y me imaginaba que se trataba de mi propia historia. Como mujer soltera, me imaginaba que yo era el objeto de admiración de otros, la mujer más buscada y conquistada.

Cuando la historia terminaba, me quedaba en mi cama e inventaba mi propia historia. Las fantasías continuaban en mi mente y yo le daba rienda suelta a mis pensamientos. Le permitía a mi mente divagar por lugares donde sabía que no había nada de puro y santo.

Vivimos una época y en una era que considera normal que las jóvenes lean novelas de alto contenido sexual. Se nos anima a dar rienda suelta a nuestra imaginación para proyectar la experiencia sexual de otra persona. El mundo está más que dispuesto a ofrecernos un menú ilimitado de material sexualmente explícito por medio de libros, revistas y blogs en línea.

> "El mundo está más que dispuesto a ofrecernos un menú ilimitado de material sexualmente explícito por medio de libros, revistas y blogs en línea".

Está además la pornografía, otro nivel de gratificación sexual. Se nos anima a disfrutar de pequeñas dosis de pornografía como parte normal de nuestra dieta sexual. Se nos dice que es inofensiva y que nadie va a salir perjudicado por eso.

Por otro lado, nos presentan ciertas relaciones y experiencias en la vida real como algo que deberíamos abrazar y buscar. El mundo nos dice que el placer sexual no debería tener límites. Somos libres para hacer lo que nos apetece con nuestros cuerpos. El *sexting*, las fotos desnudas, dormir con cualquiera, consentir la masturbación, entre otros, hacen parte de lo que el mundo considera diversión. Según el mundo, nada debería estar prohibido. Sin embargo, por liberador que pueda sonar esta mentalidad, vivir el sexo y el placer según los dictámenes del mundo nunca va a llevarnos a una satisfacción verdadera y duradera.

María era una joven cristiana que por accidente descubrió la pornografía cuando tenía doce años. Vio muchas imágenes que quedaron grabadas en su mente. Cuando llegó a la adolescencia y tuvo su propio teléfono portátil, se dio cuenta de que buscaba pornografía constantemente. Se propuso parar, pero siempre sentía deseos de ver un poco más. No tardó en volverse adicta a la pornografía, y ya no era capaz de pasar un día sin ver esa clase de contenidos. Ella sabía que sus acciones y deseos no honraban al Señor, y se prometió a sí misma dejar de hacerlo. Sin embargo, la tentadora seducción del placer la llevaba a recaer una y otra vez. Durante un tiempo se sintió sinceramente culpable, pero con el paso del tiempo su conciencia se volvió insensible. Dejó de leer su Biblia y abandonó la oración. Su corazón ya no deseaba honrar al Señor. Se convenció a sí misma de que era libre y se había liberado de las "normas morales cristianas". Por desdicha, su búsqueda de "libertad" la dejó más subyugada y esclavizada de lo que jamás había estado en toda su vida.

El pecado es engañoso porque nos cautiva con promesas seductoras de placer y plenitud que nunca duran. Con el paso del tiempo, la emoción desaparece y nos damos cuenta de que necesitamos otra dosis de pecado para seguir felices. Cuando menos lo pensamos, estamos subyugadas a nuestro pecado y esclavizadas a sus exigencias. Por eso 1 Tesalonicenses 4:3-5 dice: "Porque esta es la voluntad de Dios: su santificación; *es decir*, que se abstengan de inmoralidad sexual; que cada uno de ustedes sepa cómo poseer su propio vaso en santificación y honor, no en pasión degradante, como los gentiles que no conocen a Dios".

> "El pecado es engañoso porque nos cautiva con promesas seductoras de placer y plenitud que nunca duran".

La libertad duradera no es el resultado de la práctica del placer sexual por fuera del diseño de Dios. La plenitud verdadera no puede hallarse dentro de las paredes de nuestro propio pecado. Aunque el mundo alaba la pornografía, la literatura erótica, la masturbación y la promiscuidad sexual, estas cosas son versiones falsificadas del buen diseño de Dios para la sexualidad. Ninguna de estas ofertas atractivas está a la altura del buen plan de Dios para el sexo genuino y la intimidad.

Como mujeres cristianas que vivimos en un mundo saturado de

sexo, debemos estar alerta y ser conscientes de las mentiras seductoras que nos rodean. Nuestra meta debe ser siempre discernir la diferencia entre el sexo bíblico genuino, y el sexo mundano que es una falsificación. Debemos entrenarnos en la búsqueda constante de la verdad. No todo acto sexual está en armonía con el diseño de Dios para el sexo. No todas las prácticas sexuales llevan a una verdadera intimidad en una relación. No todos los actos sexuales glorifican a Dios. Nuestra meta primordial debe ser honrar y glorificar a Dios en todo lo que hacemos.

> "La plenitud verdadera no puede hallarse dentro de las paredes de nuestro propio pecado".

He aquí tres razones por las cuales las versiones mundanas del placer sexual no se conforman con el diseño y el propósito más amplio de Dios para el sexo.

1. La intimidad sexual fue creada para el matrimonio

Dios creó el sexo exclusivamente para el matrimonio (Hebreos 13:4). El sexo no fue hecho para personas que no están casadas. Fue creado para la relación matrimonial. Para la intimidad. Para compartir con un cónyuge en el pacto matrimonial. El escritor Tim Challies comenta: "Un examen minucioso de las enseñanzas de la Biblia sobre la sexualidad no revela razón alguna para creer que Dios haya destinado el sexo para que fuera una actividad individual [Génesis 2:23-24; 1 Corintios 7:2-5; Proverbios 5:18-19; Cantares 1:2-4]. De hecho, el corazón y alma de la sexualidad consisten en dar y recibir placer sexual entre dos personas. Un esposo y una esposa. El sexo tiene como propósito ser el medio de satisfacción mutua, una expresión de amor en la que el esposo piensa primero en su esposa y la esposa piensa primero en su esposo".[1]

---

1. Tim Challies, "La verdad de Dios sobre tu pecado sexual secreto", Aviva Nuestros Corazones, consultado el 5 de septiembre de 2019, https://www.avivanuestroscorazones.com/mujer-verdadera/blog/la-verdad-de-dios-sobre-tu-pecado-sexual-secreto/.

La mayoría de las versiones mundanas del sexo (pornografía, literatura erótica, masturbación, etc.) son completamente incapaces de servir y de dar a otro. Su objetivo primordial es servir al yo. Estos placeres pecaminosos carecen del componente de vínculo en la relación que Dios planeó que tuviera el sexo. Por consiguiente, a la luz del diseño de Dios, estas cosas se quedan cortas y no están a la altura de la expresión auténtica del sexo santo.

> "Debemos entrenarnos en la búsqueda constante de la verdad".

2. El placer mundano siempre se alimenta de lujuria

Ya sea que estés soltera o casada, todas estamos llamadas a cultivar un corazón de pureza verdadera (ver 1 Tesalonicenses 4:3-5). Esto incluye la búsqueda de la pureza sexual tanto en nuestra mente como en nuestros actos. Prácticas como la masturbación, la lectura de literatura erótica y el *sexting*, entre otros, se alimentan casi exclusivamente de motivos, pensamientos y deseos impuros. Carecen de intenciones puras y santas hacia Dios.

El pastor John Piper señala: "El deseo sexual como tal es bueno. Dios lo creó en el principio. Tiene su debido lugar. Sin embargo, fue hecho para regirse o guiarse por dos directivas: la honra al otro y la santidad a Dios. El deseo sexual se vuelve lujuria cuando esa honra y esa santidad están ausentes".[2]

En síntesis, lujuria es la ausencia de honra y de santidad. Es cuando haces algo a una persona, ya sea en tu mente o con tu cuerpo, que no honre a esa persona. Es permitir que tu corazón se desvíe por lugares que te alejan de la santidad a Dios. Como hijas de Dios, Él nos ha llamado a buscar la santidad y la pureza en nuestra vida, motivadas por la honra a Él y el amor al prójimo. Por eso Efesios 5:3 nos manda: "Pero que la inmoralidad, y toda impureza o avaricia, ni siquiera se mencionen entre ustedes, como corresponde a los santos".

---

2. John Piper, "Battling the Unbelief of Lust", Desiring God, 13 de noviembre de 1988, https://www.desiringgod.org/messages/battling-the-unbelief-of-lust.

Es posible que la lujuria y los placeres sean experiencias agradables en su momento, pero están desprovistos de la expresión genuina de la sexualidad que honra a Dios y a la cual están llamados sus santos.

3. El pecado sexual no glorifica a Dios

En el vínculo del matrimonio, el sexo ofrece la posibilidad de ser una bella expresión de amor y de adoración a Dios. Es un regalo que ha de disfrutarse con gratitud al Creador que lo hizo (ver Proverbios 5:18-19). En cambio, la actividad sexual por fuera del matrimonio no glorifica a Dios porque carece de integridad, de pureza y de contexto. Hebreos 13:4a dice: "Sea el matrimonio honroso en todos, y el lecho *matrimonial* sin deshonra…". Y 1 Corintios 6:19-20 nos recuerda cómo debemos considerar nuestro propio cuerpo: "¿O no saben que su cuerpo es templo del Espíritu Santo que está en ustedes, el cual tienen de Dios, y que ustedes no se pertenecen a sí mismos? Porque han sido comprados por un precio. Por tanto, glorifiquen a Dios en su cuerpo".

> "Lujuria es la ausencia de honra y de santidad".

Cuando participamos en cualquier actividad sexual por fuera del matrimonio rechazamos el diseño verdadero de Dios para el sexo. Por ende, somos incapaces de glorificarlo con ello. Nuestro cuerpo se convierte en un vaso de pecado en lugar de ser un vaso de justicia. Sin importar cuán intensos sean nuestros impulsos y deseos sexuales, glorificar a Dios con tu cuerpo debe ser tu objetivo primordial. ¡Y la buena noticia es que el evangelio es poder de Dios para habilitarte para vivir de esa manera!

NO CAIGAS PRESA DE LA FALSA SEXUALIDAD

La pornografía, la literatura erótica, el *sexting*, la masturbación y el sexo prematrimonial jamás logran ser formas auténticas de intimidad que honren a Dios. Son incapaces de contar la historia del amor de Dios que se entrega en un pacto mediante el matrimonio. Son incapaces de enseñarnos acerca de la intimidad matrimonial. Carecen del componente del sexo que vincula al interior de una relación. Son inútiles para servir a otra persona de manera desinteresada. Desvían nuestro corazón para alejarnos de la santidad y la pureza. Y en última instancia, son incapaces de glorificar a Dios.

En lugar de oír el consejo del mundo o las preferencias personales en lo que respecta a estos placeres tan populares y atrayentes, necesitamos aceptar el plan más amplio de Dios para el sexo y abrazar debidamente su diseño. Por duro que pueda ser esto, Dios quiere ayudarnos a honrarlo en la forma como manejamos nuestros deseos y anhelos sexuales. Dios quiere ayudarnos a abrazar su hermoso diseño para el sexo en el contexto apropiado, por nuestro bien y para su gloria.

EL CAMINO A LA PUREZA VERDADERA

Si en este momento estás luchando con algún tipo de pecado sexual, entiendo el peso y la carga que esto puede suponer. Ya sea la pornografía, la masturbación, la literatura erótica, el *sexting*, pensamientos lujuriosos o algo más, no tienes por qué pelear sola esta batalla. Gálatas 6:2 dice: "Lleven los unos las cargas de los otros, y cumplan así la ley de Cristo". El buen plan de Dios para sus hijas es que nos ayudemos a llevar nuestras cargas acompañándonos mutuamente en las dificultades. ¡Jesús quiere para ti victoria y libertad! Y por medio de Él es posible (Romanos 6:13-14).

Estas son cinco maneras específicas como puedes involucrarte desde ya en la batalla contra el pecado sexual. Son consejos que me han ayudado en mi propia vida a lo largo de mis años de lucha con mi propio pecado sexual, y que al fin me llevaron a experimentar libertad. La lista no es exhaustiva, pero es un buen punto de partida en tu camino hacia la pureza que honra a Cristo.

1. Procura un arrepentimiento verdadero.

El primer paso hacia la victoria del pecado sexual es reconocer que hemos pecado contra Dios y que necesitamos su perdón. 1 Juan 1:9 dice: "Si confesamos nuestros pecados, Él es fiel y justo para

ESTA ES
LA VOLUNTAD
DE DIOS:
TU *Santificación*

1 TESALONICENSES 4:3

(NBLA)

perdonarnos los pecados y para limpiarnos de toda maldad". Nuestro Dios está lleno de gracia y de perdón y está dispuesto a recibir y a perdonar a todo el que lo busque con un corazón sincero.

2. Busca la ayuda de Dios a diario.

En lugar de apoyarnos en nuestra propia fuerza para batallar contra el pecado, debemos recordar que aunque tenemos muchas limitaciones, Dios ofrece todo lo que nos hace falta. Gracias a que el poder de Cristo opera en nuestro interior, somos capaces de llevar una vida libre del dominio del pecado sexual. Romanos 6:11 nos recuerda: "Así también ustedes, considérense muertos para el pecado, pero vivos para Dios en Cristo Jesús". Una prioridad en tu vida y en tu batalla contra el pecado debe ser buscar a diario la ayuda de Dios por medio de la oración.

3. Saca a la luz los pecados secretos.

El pecado sexual florece en la oscuridad. Hay algo poderosamente liberador en sacar los pecados secretos a la luz. Proverbios 28:13 dice: "El que encubre sus pecados no prosperará, pero el que *los* confiesa y *los* abandona hallará misericordia". Dios promete extendernos su misericordia si sacamos a la luz nuestro pecado sexual. Ya sea pornografía, masturbación, literatura erótica o cualquier otro, si en verdad deseas libertad, pide a Dios que te conceda el valor para sacarlo a la luz confesando tu lucha a una mujer piadosa.

4. Busca el discipulado constante de una mujer piadosa.

Después de sacar a la luz tu batalla sexual, no vuelvas a encerrarte en tu mundo privado. Romper hábitos pecaminosos es una tarea ardua. No pelees tus batallas sola y aislada de los demás. Busca a una mujer piadosa a quien conozcas y pídele que te instruya en la verdad de Dios. Según la naturaleza de tu lucha específica (i.e. pornografía, masturbación, literatura erótica, *sexting*, etc.), piensa qué libro basado en la Biblia podrías leer acerca del tema. También podrían orar juntas cada semana. Ella podría brindarte una "puerta abierta" de rendición de cuentas para que puedas llamarla o enviarle un mensaje de texto cada vez que te sientas tentada a recaer en tu batalla sexual.

5. Realiza cambios radicales.

Según la frecuencia y la seriedad de tu batalla sexual, puede ser que necesites realizar algunos cambios radicales en tu vida para evitar recaídas y transigencias. Por ejemplo, si batallas con la pornografía, considera la posibilidad de usar tu teléfono o computadora solo en lugares públicos, instalar un programa serio de rendición de cuentas para el uso de la Internet, o hacer un alto de tecnología durante un período de tiempo. Si batallas con la literatura erótica, toma la iniciativa de deshacerte de cualquier libro o película, borrar cualquier material de contenido erótico de tus dispositivos multimedia, y evita usarlos cuando estás sola. Si batallas con la masturbación, evalúa en qué lugares la tentación golpea con más fuerza. Tal vez sea en tu habitación, en la ducha, o cuando estás cansada. Traza con anticipación un plan de acción para determinar cómo vas a manejar estas tentaciones cuando vengan.

Es mi oración que tomes con seriedad estas cinco recomendaciones, y que empieces hoy tu camino hacia la libertad sexual. Como alguien nos recuerda bellamente: "Para abrazar como es debido nuestra sexualidad debemos someterla al gobierno de Aquel que la creó. Cuando lo hacemos, no luchamos contra nuestra sexualidad sino que peleamos por ella. Rescatamos nuestra sexualidad de las garras de la lujuria. Exaltamos nuestra identidad dada por Dios como criaturas sexuales que rehúsan convertirse en prisioneras de la insaciable insatisfacción de la lujuria".

JOVEN SOLTERA, FUISTE CREADA PARA INTIMIDAD VERDADERA

Faltaban menos de tres semanas para el día de mi boda. Estaba ansiosa por casarme al fin con el hombre a quien ya había prometido entregar mi vida y mi amor. Mis anhelos de matrimonio, intimidad y compañía para toda la vida por fin iban a hacerse realidad. Conforme se acercaba el gran día, mi amor por Zack, mi futuro esposo, se volvía más y más profundo. Yo anhelaba el momento en el que por fin sería suya. Anhelaba entregarle todo mi ser. Ansiaba que por fin fuéramos *uno*.

Tal vez como joven sientas también ese profundo deseo de compañía, unidad e intimidad en tu vida. Tal vez has sentido ese anhelo interior de ser conocida plenamente, valorada y profundamente amada por alguien. Desde el momento en que tus deseos sexuales se despertaron, es probable que también hayas sentido ese intenso impulso de satisfacción y plenitud sexual. Es una parte normal de ser humano. ¡Todas las personas lo experimentan! Pero te tengo una maravillosa noticia. No hace falta que te cases para entender cómo abrazar el plan asombroso de Dios para la intimidad. Aunque seas joven, los deseos y anhelos sexuales que

> "Dios diseñó el sexo y la intimidad como una metáfora terrestre de una realidad espiritual mucho mayor".

Dios te ha dado sirven para enseñarte verdades maravillosas acerca de Dios mismo. A medida que empiezas a entender una verdadera perspectiva bíblica del sexo, empezarás a darte cuenta de que el sexo no es la meta final, pero sí lo es tener una relación profunda, íntima y satisfactoria con Dios.

Dios diseñó el sexo y la intimidad como una metáfora terrenal de una realidad espiritual mucho mayor. A lo largo de la Biblia, Dios usa una palabra hebrea muy específica para ayudarnos a entender su amor íntimo por nosotras. La palabra es *yadá*. En hebreo, la palabra *yadá* significa literalmente, "conocer profunda o íntimamente". La intimidad sexual entre un esposo y una esposa es una metáfora terrestre del deseo de Dios de conocernos a cada una de nosotras de manera profunda.

Cuando aprendí por primera vez acerca de la palabra *yadá*, quedé completamente pasmada. Quedé maravillada al saber que Dios usara la misma palabra (*yadá*) para describir tanto su relación conmigo como la intimidad sexual entre un esposo y una esposa. Eso significa que las mujeres solteras no necesitan esperar hasta el matrimonio para experimentar *yadá*. Ahora mismo tú puedes experimentar *yadá* en su máxima expresión, que es conocer a Dios profundamente. Él te creó para que seas conocida de manera íntima, y para que tú lo conozcas a Él profundamente. Él quiere tener una relación íntima contigo ahora mismo.

Cuando tomamos distancia y miramos el cuadro más completo del sexo en el contexto de la Biblia, empezamos a ver que el sexo es nada más una metáfora que apunta a lo que verdaderamente importa: El amor profundo de Dios por sus hijos. La experiencia más satisfactoria que podemos buscar no es una aventura sexual alucinante, sino una relación auténtica con Jesús.

> "Canaliza tus anhelos para que te lleven a conocer a Cristo más profundamente y hallar en Él satisfacción suprema".

La próxima vez que sientas un impulso sexual o que te preguntes si alguna vez vas a experimentar intimidad sexual, permite que esos momentos te recuerden que tu verdadera necesidad es una relación con Jesús. Canaliza tus anhelos para que te lleven a conocer a Cristo más profundamente y hallar en Él satisfacción suprema. Entre más entiendas el corazón de Dios para el sexo y la intimidad, más entenderás que Él no te está privando de nada... sino todo lo contrario. Te está ofreciendo intimidad verdadera ahora mismo por medio de una relación genuina con Él. Amo las palabras del Salmo 139 que dice: "Oh SEÑOR, Tú me has escudriñado y conocido [*yadá*]... Porque Tú formaste mis entrañas; me hiciste en el seno de mi madre. Te daré gracias, porque asombrosa *y* maravillosamente he sido hecho; maravillosas son Tus obras, y mi alma lo sabe [*yadá*] muy bien" (Salmo 139:1, 13-14).

Quiero desafiarte a que te salgas del molde de la sexualidad mundana y a partir de hoy adoptes una verdadera visión bíblica de la sexualidad. No esperes hasta que tengas una relación amorosa o estés comprometida o casada. Empieza ese camino hoy mismo. Las mujeres solteras son seres sexuales tanto como los demás. Dios tiene un buen plan para ti. Tus deseos sexuales nunca fueron diseñados para que fueran la verdadera fuente de plenitud en tu vida. Fuiste creada por un Dios asombroso que te ama y que quiere tener una relación íntima de pacto contigo. Él quiere conocerte (*yadá*) profundamente y amarte más plenamente de lo que cualquier ser humano

> "Quiero desafiarte a que te salgas del molde de la sexualidad mundana y a partir de hoy adoptes una verdadera visión bíblica de la sexualidad".

podría amarte jamás. Su amor de pacto es lo que tu alma necesita realmente. Cuando experimentes anhelos, deseos y tentaciones sexuales en tu vida actual, mi oración es que todo esto te recuerde que fuiste creada para algo más grande, para Alguien más grande.

Dios se interesa por ti y tiene un plan bueno y hermoso para tu sexualidad. Él quiere ayudarte a encontrar verdadera libertad conforme buscas poner en práctica su buen designio para tu vida.

Hazlo personal

- ¿Qué ha influido más en tu vida para formar tu perspectiva actual de la sexualidad?

- ¿De qué maneras te has sentido sola en tus luchas con el pecado sexual?

- Detente un momento para hablar con franqueza. ¿Cuáles batallas con la lujuria has enfrentado y es preciso que salgan a la luz?

- Tu camino hacia la libertad sexual puede empezar hoy mismo. De las siguientes cinco recomendaciones, ¿cuáles necesitas poner en práctica?

  - Procurar un verdadero arrepentimiento.

  - Buscar la ayuda de Dios a diario.

  - Sacar a la luz los pecados secretos.

  - Busca el discipulado constante de una mujer piadosa.

  - Realizar cambios radicales.

- ¿Por qué es una relación genuina con Jesús aún más importante y poderosa que una relación sexual?

once

DIOS NO ME FALLARÁ

Las promesas de Dios y la eternidad en nuestros corazones

por Erin Davis

Mi plan era desalentar cualquier intento de conversación, pero mi compañera de viaje en el asiento 12 no captaba mis señales. Viajaba sola. En esas situaciones acostumbro ponerme audífonos y meterme de lleno en la lectura en lugar de hacer nuevas amistades con extraños. Sin embargo, la mujer que se sentó a mi lado quería conversar. Nunca olvidaré nuestra conversación.

Conforme el vuelo seguía su curso, ella me contó una historia desgarradora de pérdidas. Ella ha sufrido más de lo que la mayoría de nosotras sufrirá jamás. Cuando ya terminaba de contarme su historia y se secaba las lágrimas, yo sentí un nudo en la garganta. No sabía qué decir. Al final logré preguntar: "¿Son ciertas las promesas de Dios?"

> "Las promesas de Dios son nuestro bote salvavidas".

Ella me sonrió y susurró: "Cada una de ellas".

Ese día, una mujer extraña me dio un regalo asombroso: *esperanza en las promesas verdaderas de Dios*. Espero poner ese regalo en tus manos en este capítulo. Si nuestras preguntas acerca del futuro parecen un océano lleno de olas agitadas, las promesas de Dios son nuestro bote salvavidas.

MEJORES QUE UNA BOLA DE CRISTAL

Cuando piensas acerca del futuro, sé que te haces preguntas. Todas las tenemos. Quizás te preguntes…

- ¿Voy a casarme? Si me caso, ¿con quién me casaré?
- ¿Voy a tener hijos? Si los tengo, ¿cuántos tendré?
- ¿Qué carrera quiere Dios que emprenda?
- ¿A qué universidad debo ir?
- ¿Tendré la casa de mis sueños?
- ¿Tendré los mismos amigos? ¿Haré nuevas amistades?
- ¿Seré feliz?
- ¿Gozaré de buena salud?

Dios ha dispuesto no darnos una bola de cristal. Ninguna de nosotras sabe lo que nos depara el mañana, el mes siguiente o el próximo año. Sin embargo, eso no significa que debamos caminar a ciegas hacia nuestro futuro. Dios nos ha dado algo mucho mejor que una bola de cristal. ¡Él nos ha dado sus promesas! No podemos conocer cada detalle de cómo va a ser el desarrollo de nuestra vida, pero podemos descansar en la certeza de que Dios nos ha prometido un futuro brillante. Voy a presentar cinco promesas de la Palabra de Dios, y oro porque ellas transformen la manera como te sientes respecto a tu futuro. Las he escrito en primera persona, de modo que puedes apropiarte de ellas. De hecho, ¿por qué no tomas una nota Post-it y las escribes? Luego, pégalas en un lugar donde puedas verlas con frecuencia y recordar las promesas de Dios (como en el espejo de tu baño o en tu mesa de noche).

> "Podemos descansar en la certeza de que Dios nos ha prometido un futuro brillante".

Promesa #1: Dios no va a cambiar su opinión acerca de mí.

Hebreos 13:8 promete que "Jesucristo *es* el mismo ayer y hoy y por los siglos".

Jesús no cambia. El Jesús del principio de los tiempos es el mismo hoy. *Y el Jesús de hoy será el mismo en el futuro.* Eso también significa que su amor por ti no cambia. Él lo ha descrito como un "amor eterno" (Jeremías 31:3). Es un amor que es, que sigue y que continúa… para siempre.

Sin importar lo que te depare el futuro, sin importar qué errores cometas, sin importar en qué pecados caigas en el futuro, sin importar cuáles sean los éxitos o fracasos que te esperen, *Dios no va a cambiar su opinión acerca de ti.* Su amor por ti no se agota con el paso de los años. Puedes contar con su amor eterno presente en cada etapa de tu vida.

Promesa #2: Dios nunca me dejará.

Es probable que tu futuro te reserve algunas decepciones. Eso es parte de lo que significa vivir en un mundo caído. Puede que algunas amistades terminen mal. Puede que algunas relaciones que son importantes para ti en este momento se debiliten en el futuro. Pero hay un amigo con cuya presencia puedes contar en cada momento de tu vida: Jesucristo.

Tal vez has oído las poderosas palabras que Dios le habló a Josué. ¡Son muy inspiradoras!

> Sean firmes y valientes, no teman ni se aterroricen ante ellos, porque el SEÑOR tu Dios es el que va contigo; no te dejará ni te desamparará (Deuteronomio 31:6).

Si leemos la historia completa, vemos que Josué enfrentaba un futuro incierto. Estaba a punto de asumir la posición de liderazgo que antes había ostentado Moisés.

¿El pueblo respetaría su liderazgo?
¿Era un líder lo bastante fuerte para llevarlos a la tierra prometida?

¿Cómo sería la vida de ellos al llegar a ese lugar?

Josué también tenía preguntas acerca de su futuro. Aunque no tenía todas las respuestas, sí tenía una promesa en la que podía apoyarse. Dios nunca lo dejaría ni lo desampararía. Nunca.

Nosotras tenemos la misma promesa. Escucha lo que Jesús nos dice.

> Yo estoy con ustedes todos los días, hasta el fin del mundo (Mateo 28:20).

Él estará siempre, siempre con nosotras. Sin importar lo que nos depare el futuro, podemos estar seguras de que Jesús estará ahí.

Promesa #3: ¡Mi futuro será grandioso!

> "Sin importar lo que nos depare el futuro, podemos estar seguras de que Jesús estará ahí".

No tengo las respuestas para tu lista de preguntas acerca de tu futuro, pero sí sé que tu futuro (¡y el mío!) es más maravilloso, satisfactorio y grandioso de lo que nuestros corazones podrían soñar jamás.

Escucha lo que le espera a todo el que ha rendido su vida a Jesús:

Entonces vi un cielo nuevo y una tierra nueva, porque el primer cielo y la primera tierra pasaron, y el mar ya no existe. Y vi la ciudad santa, la nueva Jerusalén, que descendía del cielo, de Dios, preparada como una novia ataviada para su esposo. Entonces oí una gran voz que decía desde el trono: "El tabernáculo de Dios está entre los hombres, y Él habitará entre ellos y ellos serán Su pueblo, y Dios mismo estará entre ellos. Él enjugará toda lágrima de sus ojos, y ya no habrá muerte, ni habrá más duelo, ni clamor, ni dolor, porque las primeras cosas han pasado" (Apocalipsis 21:1-4).

El futuro de todo creyente es una eternidad con Jesús. Todo lo que nos inquieta hoy, todo lo que nos decepcione mañana, está destinado a desaparecer. Nuestro presente es como esas "primeras cosas", algo que pasa y que no durará mucho. En cambio, nuestra vida con Jesús está libre de llanto, de muerte, de duelo y de dolor.

¡Qué gran promesa!

Promesa #4: Todo coopera para mi bien.

Permíteme animarte a memorizar Romanos 8:28. El versículo dice: "Y sabemos que para los que aman a Dios, todas las cosas cooperan para bien, *esto es*, para los que son llamados conforme a *Su* propósito".

Dios va a usar todo lo que suceda en tu vida, sí, *todo*, para tu bien y para su gloria. Cuando nos hacemos preguntas acerca de nuestro futuro, en realidad queremos preguntarnos "¿Todo va a salir bien?". La respuesta, gracias a Jesús, ¡es sí!

Bajo el cuidado soberano de Dios, cada momento de nuestra vida es redimido. Lo bueno y lo malo se entrelazan en el tapiz del plan de Dios para nosotras, y al final el resultado es verdaderamente hermoso.

Puede que no sepas lo que te depare el futuro, pero sí puedes saber que sea lo que sea que enfrentes, Dios ha prometido redimirlo para tu bien.

Promesa #5: Dios no me fallará.

Tengo cuatro hijos varones. Cuando tienen un día difícil o nuestra familia enfrenta circunstancias duras, he cultivado el hábito de mirar a sus ojos y preguntar: "¿Será que esta vez Dios sí va a fallarnos?".

Ellos ya han practicado esto lo suficiente para saber la respuesta: "No, mami".

Escucha lo que dice Josué 21:45: "No faltó ni una palabra de las buenas promesas que el Señor había hecho a la casa de Israel. Todas se cumplieron".

Practica repitiendo esto conmigo:

"Las promesas de Dios no van a fallar".

"Las promesas de Dios no van a fallar".

"Las promesas de Dios no van a fallar".

En 1 Tesalonicenses 5:24 se nos recuerda: "Fiel es Aquel que los llama, el cual también *lo* hará".

Si Dios te ha prometido algo, puedes darlo por hecho. Él no va a retractarse de sus promesas. Él siempre, siempre cumplirá Su Palabra.

Cuando la vida pareciera tener más preguntas que respuestas, puedes saber que Dios no va a fallarte.

Cuando tu futuro no resulta como esperabas, puedes saber que Dios no va a fallarte.

Cuando tus sueños no funcionan como te los habías imaginado, puedes saber que Dios no va a fallarte.

Descansar en las promesas de Dios significa que podemos atrevernos a formularnos la pregunta: "¿Será que esta vez Dios sí va a fallarnos?", y descansar confiadas en que la respuesta es, en todos los casos, no.

NUESTRO DIOS Y EL ROLLO DE PAPEL

No solo podemos descansar en las promesas de Dios, sino que podemos descansar en el carácter de Dios. Cuando pensamos acerca de nuestro futuro, puede animarnos de manera particular el hecho de que Dios ya se encuentre allí.

Uno de los atributos más asombrosos de Dios es su omnipresencia. Él está en todas partes al mismo tiempo. Eso significa que Él está contigo ahora mismo y también aquí conmigo en mi granja de ovejas en Missouri. Él está allá abajo en la Antártida y tan arriba como el polo Norte. Sin embargo, su omnipresencia también significa que está con nosotras en este momento y que también está presente ya en el futuro. Está en tu aquí y ahora, y en tu después. No existe un momento de tu vida en el que Él no esté presente.

Escucha cómo se describe Dios a Sí mismo en Apocalipsis 1:8: "'Yo soy el Alfa y la Omega', dice el Señor Dios, 'el que es y que era y que ha de venir, el Todopoderoso'".

Y SABEMOS QUE PARA LOS QUE AMAN A DIOS, TODAS LAS COSAS COOPERAN PARA BIEN, ESTO ES, PARA LOS QUE SON LLAMADOS CONFORME A SU PROPÓSITO.

ROMANOS 8:28

(NBLA)

Él es el Dios que es.

Él es el Dios que era.

Él es el Dios que ha de venir.

La omnipresencia de Dios puede ser una idea demasiado grande para mi pequeño cerebro, de modo que me gusta imaginarla como Dios con un rollo de papel. Yo puedo tomar un rollo de papel y puedo verlo de principio a fin. Así es Dios conmigo. Él creó el tiempo, pero está por fuera de él. Él sostiene en sus manos tu vida entera, cada segundo de ella, y la ve de principio a fin. ¡Eso es formidable! ¡Él es asombroso!

Hay demasiadas cosas que no podemos saber acerca de nuestro futuro, pero podemos confiar lo que no sabemos acerca de *nosotras* gracias a todo lo que ya sabemos acerca de *Él*.

UN FUTURO SIN TEMOR

¿Cómo podemos vivir a la luz de estas hermosas promesas y del carácter admirable de Dios? He aquí tres decisiones que podemos tomar.

Decisión #1: Confiaré en que tengo todo lo que necesito.

En 2 Pedro 1:3 leemos: "Pues Su divino poder nos ha concedido todo cuanto concierne a la vida y a la piedad, mediante el verdadero conocimiento de Aquel que nos llamó por Su gloria y excelencia".

Puedes preocuparte por el futuro. Puedes preocuparte porque no sea como esperas. Puedes pasar tiempo esforzándote porque todo salga como tú quieres, o puedes confiar en que la Palabra de Dios es verdad y tienes todo lo que necesitas para tener la vida que Él ha dispuesto para ti, tanto en el presente como en el futuro.

Decisión #2: Puedo enfrentar el futuro sin temor.

Repasemos las promesas que ya hemos mencionado.

- Promesa #1: Dios no va a cambiar su opinión acerca de mí.

- Promesa #2: Dios nunca me dejará.

- Promesa #3: ¡Mi futuro será grandioso!

- Promesa #4: Todo coopera para mi bien.
- Promesa #5: Dios no me fallará.

¿Crees que estas promesas son verdad? Si respondiste "sí", gracias a Dios por la fe que te ha dado. Si respondiste "no", detente ahora y pide al Señor que ayude tu incredulidad. Porque estas promesas cambian verdaderamente nuestra manera de afrontar el futuro.

Si Dios estará con nosotras sin importar las circunstancias… si ya ha visto nuestro pasado, nuestro presente y nuestro futuro… si sus promesas no pueden fallar, entonces podemos enfrentar nuestro futuro sin temor. ¡Qué libertad!

Decisión #3: Puedo practicar desde ya para mi futuro.

En última instancia, nuestro futuro está con Cristo, adorándole por la eternidad. Eso puede parecer una realidad lejana, pero no lo es en el panorama amplio de las cosas. La mejor forma de preparar nuestro futuro final es practicar para ello desde ahora.

- ¿Pasas tus días adorando a Jesús?
- ¿Dedicas tiempo a contemplarle a través de la lente de Su Palabra?
- ¿Estás ocupada sirviendo a la iglesia?

La mejor preparación para un futuro con Él es vivir desde ya a la luz de la eternidad.

CORAZONES HECHOS PARA LA ETERNIDAD

Dios nos ha programado para que nos formulemos preguntas acerca del futuro, pero tal vez no de la manera como tú piensas.

Eclesiastés 3:11 dice: "Él ha hecho todo apropiado a su tiempo. También *ha puesto la eternidad en sus corazones*, sin embargo el hombre no descubre la obra que Dios ha hecho desde el principio hasta el fin" (cursivas añadidas).

Tu corazón fue hecho para enfocarse en la eternidad, no para enredarse en el aquí y el ahora. Me encanta la manera como Jonathan Edwards expresó esta verdad. Él oraba con frecuencia: "Señor, sella en mis ojos la eternidad".

Sí, tienes un futuro. Ese futuro puede incluir o no la universidad o un trabajo soñado. Puede que te cases o no con el hombre de tus sueños. Puede que tengas una casa llena de niños o ni uno solo. Fijar tus ojos en esa clase de decisiones solo va a conducir a más preguntas. Sin embargo, tu futuro final está decidido: vas a estar con Jesús para siempre. Cuando en tu corazón surjan preguntas acerca de tu futuro, aprende a orar: "Jesús, sella en mis ojos la eternidad".

> "Tu corazón fue hecho para enfocarse en la eternidad, no para enredarse en el aquí y el ahora".

Yo no tengo una bola de cristal. No puedo predecir el futuro. Pero puedes preguntarme si las promesas de Dios son verdad. Yo conozco la respuesta perfectamente.

Lo son. Cada. Una. De ellas.

Hazlo personal

- ¿Cuáles incertidumbres acerca de tu futuro te producen mayor ansiedad?

- ¿Cuáles de las cinco promesas de Dios subrayadas en este capítulo te animan más? ¿Por qué?

- ¿Cómo te imaginas que será nuestro futuro con Jesús? Escribe acerca de él o haz un dibujo para comunicar tu respuesta.

- En tu opinión, ¿qué significa que Dios ha puesto la eternidad en nuestros corazones? ¿Cómo has visto esto en tu propia vida?

- ¿Cuáles son tus mayores anhelos para el futuro?

CONCLUSIÓN: UN RETO PARA TI

por Betsy Gómez

¡Gracias por llegar hasta aquí! No te imaginas cuánto deseo que Dios haya llenado tu corazón con convicción acerca de la importancia de la verdad de Su Palabra, y que estés dispuesta a pagar el costo de rendirte por completo a Su voluntad. Quisiera saltar de estas páginas para mirarte a los ojos y rogarte que no dejes lo que leíste en este libro abandonado en un rincón de tu mente.

Lo digo porque, cuando menos lo esperes, el mundo te lanzará una ola que intentará arrastrarte a la destrucción. El enemigo usará todas sus artimañas para hacerte caer, y tu pecado tratará de seducirte. Y te pregunto, ¿qué vas a hacer? ¿Cómo vas a reaccionar ante tanta presión?

Quiero retarte a que hagas dos cosas que pueden parecerte completamente imposibles: Sé fuerte y permanece firme. Si alguien hubiera dicho estas palabras a mi yo más joven, te aseguro que mi respuesta habría sido: "¡No te imaginas cuánto he tratado de ser fuerte, pero en realidad no puedo! ¡Por más que intento estar firme por mucho tiempo no logro permanecer!".

Sé que no tengo idea de lo que se siente tener tu edad en estos tiempos, lo difícil que es ser fuerte en la fe en tu lugar de estudio o donde trabajas. Lo sé, no conozco a tus amigas ni el ambiente en el que te desenvuelves, no puedo imaginarme lo complicado que puede ser mantenerte firme ante la presión que experimentas. Sin embargo, hay algo que sí sé. Sé lo duro que es luchar por perseverar con las fuerzas y las armas erróneas. Yo intentaba permanecer, pero me cansaba y me frustraba. ¡Qué incapaz me sentía! Entonces, si hasta ahora has estado intentando sin éxito, quiero invitarte a que cambies de estrategia.

Aunque no lo creas, ¡tú puedes ser fuerte y permanecer firme en la verdad! De hecho, este es el mismo llamado que Pablo hizo a los creyentes de Éfeso. Su mandato se encuentra en un pasaje bíblico que probablemente has leído o al menos escuchado. Está en Efesios 6:10-17. Búscalo en tu Biblia, léelo. Aquí te espero. 😀 (¡No hagas trampa! 😑).

Es el famoso pasaje que menciona la armadura de Dios. En estos versículos hay dos mandatos claves, ¿los identificaste? Aquí te doy dos pistas. Uno se encuentra en el versículo 10 y el otro se repite en varios versículos pero está muy claro en el versículo 11. Trata de descubrirlos.

¡Sí! Eso es exactamente lo que te estoy rogando que hagas. Sé fuerte y permanece firme.

SÉ FUERTE

"Una palabra final: sean fuertes en el Señor y en su gran poder" (Efesios 6:10, NTV).

Ser fuerte no es opcional, hemos sido llamadas a una batalla que exige mucha fortaleza. Y a lo mejor estás pensando, "¿Ves? ¡No califico porque no soy fuerte!". Tengo noticias para ti, ¡eso es precisamente lo que te califica!

Cuando tratamos de buscar en nosotras mismas la fuerza que necesitamos para permanecer firmes, terminamos frustradas porque nos quedamos muy cortas. Somos débiles. Nuestra fe es débil. Nuestro amor es frágil. Nos cansamos fácilmente y caemos. Y eso es precisamente lo que necesitamos entender. ¡Somos débiles en nuestras propias fuerzas!

Deja de buscar tus fuerzas en los lugares incorrectos. No vas a encontrarlas en tus habilidades ni en tus talentos. Tampoco en los años que llevas asistiendo a la iglesia ni en los ministerios a los que perteneces. No las encontrarás en la opinión que tienen los demás de ti ni en tu cercanía a gente muy espiritual.

La clave para ser fuerte se encuentra en conocer la fuente correcta de poder. Cristo es fuerte, y la fortaleza que necesitamos para permanecer firmes ante los embates del enemigo, se encuentra en Su poder. El mandato es claro: *Sé fuerte en el Señor y en Su gran poder.* El mundo quiere hacerte creer que eres fuerte en ti misma y te ha vendido una idea falsa de empoderamiento. ¡No le creas! Eres más débil de lo que te imaginas, pero si estás en Cristo, Él es fuerte en ti. Estás unida a Cristo y en Él tienes todo el poder que necesitas para vencer.

En medio de la tentación, cuando sientes que todo en ti te hace creer que ese pecado te va a satisfacer más que Dios, en lugar de mirarte a ti misma y ver lo débil que eres, mira a Cristo. Él es lo suficientemente fuerte para sostenerte. Él es fiel para rescatarte en medio de tu debilidad. Su gracia siempre será más fuerte que tu pecado. Ese es el momento de decirle a tu alma: ¡Sí, soy débil, pero estoy unida a Cristo, de modo que en Él soy fuerte!

¿Te das cuenta? En las matemáticas de Dios, los débiles son los fuertes. Así que, ¡sé fuerte por medio de la gracia que Dios te da en Cristo Jesús![1] Ser fuerte en Él se hace evidente cuando caminas con Él cada día. Cuando buscas conocer y hacer Su voluntad, y cuando oras al Señor que por medio de Su Espíritu te ayude a apropiarte de las promesas que te colocan en una posición de victoria ante cualquier tentación o pecado.

Cree por la fe que las fuerzas que necesitas para permanecer firme se encuentran solo en Él. Y cuando te digo que creas por la fe, me refiero a que puedas renunciar a aquello que hoy parece atractivo, por amor a Cristo, quien te promete una satisfacción mayor.

---

1. 2 Timoteo 2:1.

PERMANECE FIRME

"Revístanse con toda la armadura de Dios para que puedan
estar firmes contra las insidias del diablo" (Efesios 6:11).

Dios es tan generoso que cuando nos llama a hacer algo nos equipa
con todo lo que necesitamos para lograrlo. Él nos llama a ser fuertes, y
nos da las fuerzas a través de nuestra unión con Cristo. También nos
llama a estar firmes contra los ataques del enemigo, y nos provee lo
que necesitamos: La armadura de Dios.

Ahora bien, ¿alguna vez te has preguntado cómo funciona o como
se pone la armadura de Dios? 🤪 ✋ Yo sí. Te confieso que no tenía
idea del significado correcto de estos versículos.

Recuerdo que en la escuela bíblica hacíamos coreografías en las
que nos poníamos la armadura, y al final cantábamos a todo pulmón
que éramos soldados listos para ganar la batalla de la fe. Pensaba que
era algo como lo que le sucede a *Iron Man* cuando llama su traje y
cada pieza encaja en su cuerpo haciéndolo indestructible.

También en mi adolescencia, antes de salir de mi habitación, me
miraba en el espejo, y recitaba Efesios 6:11-17, al tiempo que "me
ponía mi armadura" mentalmente. Pensaba que solo con declararlo
en el mundo espiritual las huestes de maldad huían y no les era permitido atacarme. 🙈

Pero algo fallaba porque "el efecto" de la armadura no me duraba
mucho tiempo. No existía conexión alguna entre los elementos de la
armadura y ese pecado en el que caía una y otra vez. Y no sabía cómo
conectarla con los conflictos en los que me encontraba a causa de mi
desobediencia. Y llegué a preguntarme, "¿cómo va a ayudarme esto,
que parece un ritual, a permanecer firme? ¿Cómo se supone que funciona la armadura de Dios?".

Me encantó escuchar del pastor Tony Merida en uno de sus ser-
mones de este pasaje que "se trata de vestirnos con las características
y virtudes que son nuestras a través de nuestra unión con Jesucristo.
Debemos vestirnos de Cristo, que como dice Efesios 4:24 ('y se vistan
del nuevo hombre, el cual, en *la semejanza de* Dios, ha sido creado en

la justicia y santidad de la verdad'), significa simplemente reconocer quién eres en Cristo y vivir conforme a esa identidad con los recursos espirituales que te pertenecen"[2].

Eso es lo que necesitas para permanecer firme: *Reconocer quién eres en Cristo y vivir conforme a esa identidad con los recursos espirituales que te pertenecen.*

Ponernos toda la armadura de Dios es usar su provisión para derrotar al enemigo: el evangelio. Allí se encuentra todo el poder y los recursos que necesitamos para permanecer firmes. Significa vestirte de las verdades que te han salvado y creerlas todos los días.

¿Ves? Es mucho más fácil mirarnos en el espejo y decir "me pongo la armadura de Dios" como un rezo religioso, que hacer morir el pecado en nosotras y pararnos firmes en las verdades del evangelio. Esto nos exige depender por completo de Dios y de su Palabra. Y algo que nos anima mucho es que Pablo hace este llamado a toda la iglesia. ¡Es algo que no podemos hacer solas! Permanecemos firmes estando unidas a Cristo y a Su cuerpo.

A estas alturas puede que pienses: "Bien, pero ¿cómo pongo en práctica esto de lunes a domingo cuando mis emociones me traicionan y cuando me siento tentada a caer en ese pecado que me seduce constantemente?"

- **Permanece firme en la verdad de Cristo** 🙂 (*ceñida tu cintura con la verdad*). Quita de tu mente y de tu boca toda mentira o engaño. Identifica todo engaño en tu corazón, en tu boca o en tu andar. Deshazte de todo ello y vístete de la verdad de Cristo. El enemigo es el padre de la mentira, así que defiende tu posición con la verdad de Cristo.

- **Permanece firme haciendo lo correcto** 👍 (*revestida con la coraza de la justicia*). Haz morir todo mal obrar (simplemente no alimentes ese pecado que te lleva a hacer lo incorrecto). Vístete

---

2. https://vimeo.com/61813439

de la justicia que caracteriza a Cristo, en Él tienes el poder para vivir en obediencia a Dios.

- **Permanece firme anunciando el evangelio** (*calzados los pies con la preparación para anunciar el evangelio de la paz*). Dondequiera que vayas, sé una mensajera de la buena noticia de que Cristo vino al mundo para que el hombre pudiera tener paz con Dios. ¡No te quedes callada!

- **Permanece firme en la fe** (*sobre todo, toma el escudo de la fe con el que podrás apagar todos los dardos encendidos del maligno*). Llénate tanto de la verdad que ninguna flecha de mentira pueda penetrar en tu mente. Identifica las mentiras que se esconden en los ataques del enemigo y apágalas con la verdad de la Palabra de Dios.

- **Permanece firme en la seguridad de tu salvación** (*toma también el casco de la salvación*). ¡Cristo te salvó para siempre y nada ni nadie puede apartarte de Él! Aprópiate de esa verdad cuando la duda y el temor quieran derribarte.

- **Permanece firme en la Palabra de Dios** (*y la espada del Espíritu que es la Palabra de Dios*). Así como Jesús venció a Satanás en el desierto respondiendo con la Palabra de Dios, llénate de Su verdad para que puedas permanecer firme frente la tentación.

Cuando todo dentro de ti te grite mentiras, recuerda quién eres en Cristo y créelo. Tenlo muy presente: Eres amada, escogida y perdonada; estás unida a Cristo, su victoria es tuya, y en Él encontrarás la gracia que necesitas para permanecer firme. Haz uso de todos los recursos que Dios ha puesto a tu disposición en Cristo, todos los días.

Recuerda, cree y vive el evangelio por fe. Todos los días.

Joven verdadera, permanece firme en la Verdad. ¡Permanece firme en Cristo!

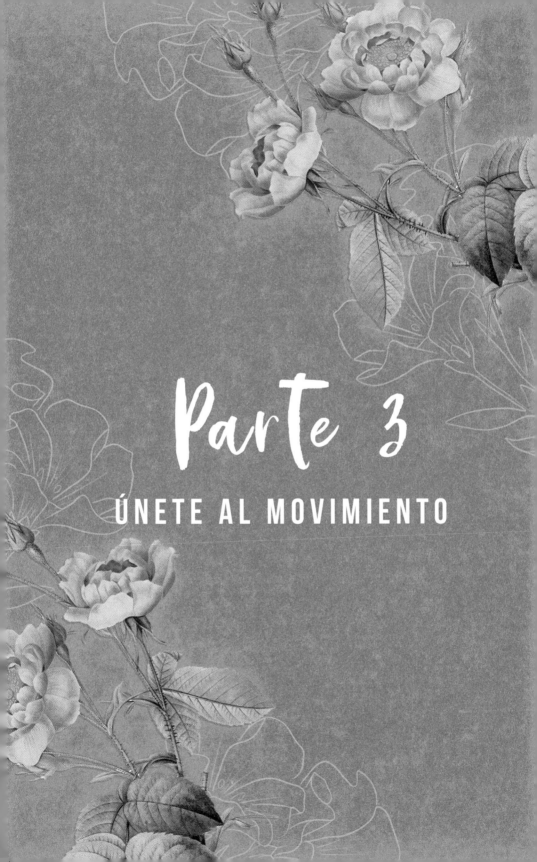

Parte 3

ÚNETE AL MOVIMIENTO

apéndice A

¡ÚNETE AL MOVIMIENTO JOVEN VERDADERA!

Joven Verdadera llama a las jóvenes hispanas a abrazar la verdad que las hará libres de las mentiras del mundo, de la cultura y de la sociedad, a atesorar a Cristo sobre todas las cosas, y a vivir de tal modo que la belleza del evangelio resplandezca ante quienes las rodean.

UNA JOVEN VERDADERA...

1. Renueva su mente y conforma su andar a la Palabra de Dios; esta es su deleite y meditación.

> Y no se adapten a este mundo, sino transfórmense mediante la renovación de su mente, para que verifiquen cuál es la voluntad de Dios: lo que es bueno y aceptable y perfecto (Romanos 12:2).

> ¡Cuánto amo Tu ley!
> Todo el día es ella mi meditación (Salmo 119:97).

2. Reconoce que Dios es su autoridad suprema; por tanto, la sumisión es la marca distintiva en todas sus relaciones.

> Porque así dice el Señor, que creó los cielos
> (El Dios que formó la tierra y la hizo,
> La estableció y no la hizo un lugar desolado,

Sino que la formó para ser habitada):
Yo soy el Señor y no hay ningún otro (Isaías 45:18).

Asimismo *ustedes*, los más jóvenes, estén sujetos a los mayores. Y todos, revístanse de humildad en su trato mutuo, porque Dios RESISTE A LOS SOBERBIOS, PERO DA GRACIA A LOS HUMILDES (1 Pedro 5:5).

3. Acepta con gozo su diseño y se rinde de manera voluntaria a los propósitos de Dios para su vida.

Dios vio todo lo que había hecho; y *era* bueno en gran manera (Génesis 1:31).

Por tanto, hermanos, les ruego por las misericordias de Dios que presenten sus cuerpos *como* sacrificio vivo y santo, aceptable a Dios, *que es* el culto racional de ustedes (Romanos 12:1).

4. Ha sido limpiada de la suciedad del pecado y encuentra en el evangelio el poder para vivir en pureza y santidad.

De modo que si alguno está en Cristo, nueva criatura *es*; las cosas viejas pasaron; ahora han sido hechas nuevas (2 Corintios 5:17).

Porque no me avergüenzo del evangelio, pues es el poder de Dios para la salvación de todo el que cree, del judío primeramente y también del griego (Romanos 1:16).

5. Tiene su mirada en las cosas de arriba donde está Cristo, y toda su esperanza se encuentra en el gozo eterno que Él ha prometido.

Si ustedes, pues, han resucitado con Cristo, busquen las cosas de arriba, donde está Cristo sentado a la diestra de Dios. Pongan la mira en las cosas de arriba, no en las de la tierra. Porque ustedes han muerto, y su vida está escondida con Cristo en Dios (Colosenses 3:1-3).

¡Únete a este movimiento! Sé una joven verdadera y llama a otras a la libertad, la plenitud y la abundancia que solo se encuentran en Cristo.

apéndice B

MANIFIESTO DE LA MUJER VERDADERA

Creemos que Dios es el Señor Soberano del universo y el Creador de la vida, y que todo lo creado existe para Su deleite y para traerle gloria (1 Corintios 8:6; Colosenses 1:16; Apocalipsis 4:11).

Creemos que la creación de la humanidad, como varón y hembra, fue una parte intencional y maravillosa del sabio plan de Dios, y que los hombres y las mujeres fueron creados para reflejar la imagen de Dios en formas complementarias pero distintas (Génesis 1:26-27; 2:18; 1 Corintios 11:8).

Creemos que el pecado ha separado a todo ser humano de Dios y nos ha hecho incapaces de reflejar Su imagen como fuimos creados para hacerlo. Nuestra única esperanza de restauración y salvación se encuentra en arrepentirnos de nuestros pecados y confiar en Cristo quien vivió una vida sin pecado, murió en nuestro lugar y fue resucitado de los muertos (Génesis 3:1-7, 15-16; Marcos 1:15; 1 Corintios 15:1-4).

Reconocemos que vivimos en una cultura que no reconoce el derecho de Dios para gobernar, ni acepta las Sagradas Escrituras como la norma para la vida y está sufriendo las consecuencias del abandono del diseño de Dios para los hombres y las mujeres (Proverbios 14:12; Jeremías 17:9; Romanos 3:18, 8:6-7; 2 Timoteo 3:16).

Creemos que Jesucristo está redimiendo este mundo pecaminoso y haciendo todas las cosas nuevas; y Sus seguidores son llamados a compartir Sus propósitos redentores, en la medida que buscan, mediante Su poder, transformar aquellos aspectos de la vida que han sido manchados y arruinados por el pecado (Efesios 4:22-24; Colosenses 3:12-14; Tito 2:14).

Como mujeres cristianas, *deseamos honrar a Dios* viviendo vidas contra cultura que reflejan al mundo la belleza de Cristo y Su Evangelio.

PARA TAL FIN, DECLARAMOS QUE...

Las Escrituras son el medio autorizado por Dios para instruirnos en Sus caminos y revelan Su patrón para nuestra feminidad, carácter, prioridades, roles, responsabilidades y relaciones (Josué 1:8; 2 Timoteo 3:16; 2 Pedro 1:20-21; 3:15-16).

Glorificamos a Dios y experimentamos Sus bendiciones cuando aceptamos y gozosamente abrazamos Su diseño, funciones y orden para nuestras vidas (1 Timoteo 2:9; Tito 2:3-5; 1 Pedro 3:3-6).

Como pecadoras redimidas, no podemos vivir a plenitud la belleza de nuestra feminidad bíblica, separadas de la obra santificadora del evangelio y el poder del Espíritu Santo que mora en nosotras (Juan 15:1-5; 1 Corintios 15:10; Efesios 2:8-10; Filipenses 2:12-13).

Tanto los hombres como las mujeres fueron creados a imagen de Dios y son iguales en valor y dignidad, pero tienen roles y funciones distintos en el hogar y en la Iglesia (Génesis 1:26-28; 2:18; Gálatas 3:26-28; Efesios 5:22-33).

Estamos llamadas, como mujeres, a afirmar y alentar a los hombres en su búsqueda de expresar su masculinidad piadosa; y a honrar y apoyar el liderazgo que Dios ha ordenado en el hogar y en la Iglesia (Marcos 9:35; 10:42-45; Génesis 2:18; 1 Pedro 5:1-4; 1 Corintios 14:34; 1 Timoteo 2:12–3:7).

El matrimonio, como fue creado por Dios, es un pacto sagrado, vinculante y para toda la vida, entre un hombre y una mujer (Génesis 2:24; Marcos 10:7-9).

Cuando respondemos humildemente al liderazgo masculino, en el hogar y en la iglesia, demostramos una noble sumisión a la autoridad, que refleja la sumisión de Cristo a la autoridad de Dios, Su Padre (Efesios 5:22-33; 1 Corintios 11:3).

La insistencia egoísta de hacer prevalecer nuestros derechos personales es contraria al espíritu de Cristo quien se humilló a Sí mismo, tomando forma de siervo y entregó su vida por nosotros (Lucas 13:30; Juan 15:13; Efesios 4:32; Filipenses 2:5-8).

La vida humana es preciosa para Dios y debe ser apreciada y protegida desde el momento de la concepción hasta la muerte (Salmo 139:13-16).

Los hijos son una bendición de Dios; y las mujeres fueron especialmente diseñadas para ser dadoras y sustentadoras de vida, ya sea a sus hijos biológicos o adoptivos, y a otros niños en su esfera de influencia (Génesis 1:28; 9:1; Salmo 127; Tito 2:4-5).

El plan de Dios para la humanidad es más amplio que el matrimonio. Todas las mujeres, casadas o solteras, deben modelar la feminidad en sus variadas relaciones, exhibiendo una modestia distintiva, sensibilidad y gentileza de espíritu (1 Corintios 11:2-16; 1 Timoteo 2:9-13).

El sufrimiento es una realidad inevitable en un mundo caído. En ocasiones seremos llamadas a sufrir por hacer lo correcto, mirando la recompensa celestial antes que los deleites terrenales, por el bien del evangelio y el avance del reino de Cristo (Mateo 5:10-12; 2 Corintios 4:17; Santiago 1:12; 1 Pedro 2:21-23; 3:14-17; 4:14).

Las mujeres cristianas maduras *tienen la responsabilidad* de dejar un legado de fe, discipulando a las más jóvenes en la Palabra y los caminos de Dios y modelando a la siguiente generación vidas de fructífera feminidad (Tito 2:3-5).

CREYENDO EN LO ANTERIORMENTE EXPUESTO...

Declaramos nuestra intención y deseo de convertirnos en *"Mujeres Verdaderas"* de Dios. Nos consagramos a cumplir Su llamado y propósito para nuestras vidas. Por medio de Su gracia y en humilde dependencia de Su poder, nosotras:

1. Buscaremos amar a Dios, nuestro Señor, con todo nuestro corazón, con toda nuestra alma, con toda nuestra mente y con todas nuestras fuerzas (Deuteronomio 6:4-5; Marcos 12:29-30).

2. Gozosamente le cederemos el control de nuestras vidas a Cristo nuestro Señor; diremos: "Sí, Señor" a la Palabra y la voluntad de Dios (Salmo 25:4-5; Romanos 6:11-13, 16-18; Efesios 5:15-17).

3. Seremos mujeres de la Palabra; buscaremos crecer en el conocimiento de las Escrituras y vivir de acuerdo a la sana doctrina en cada área de nuestras vidas (Hechos 17:11; 1 Pedro 1:15; 2 Pedro 3:17-18; Tito 2:1, 3-5, 7).

4. Cultivaremos nuestra comunión e intimidad con Dios a través de la oración: en alabanza, acción de gracias, confesión, intercesión y súplica (Salmo 5:2; Filipenses 4:6; 1 Timoteo 2:1-2).

5. Aceptaremos y expresaremos nuestro diseño y llamado únicos como mujeres, con humildad, gratitud, fe y gozo (Proverbios 31:10-31; Colosenses 3:18; Efesios 5:22-24, 33b).

6. Buscaremos glorificar a Dios al cultivar virtudes como pureza, modestia, sumisión, mansedumbre y amor (Romanos 12:9-21; 1 Pedro 3:1-6; 1 Timoteo 2:9-14).

7. Mostraremos el respeto debido a hombres y mujeres, creados a imagen de Dios, considerando a los demás como mejores que nosotras, tratando de edificarlos, poniendo de lado la amargura, el odio y las palabras malas (Efesios 4:29-32; Filipenses 2:1-4; Santiago 3:7-10; 4:11).

8. Estaremos comprometidas fielmente en nuestra iglesia local, sometiéndonos a nuestros líderes espirituales, creciendo en el contexto de la comunidad de fe, usando los dones que Dios nos ha dado para servir a otros, edificando el Cuerpo de Cristo y cumpliendo con Sus propósitos redentores en el mundo (Romanos 12:6-8; 14:19; Efesios 4:15, 29; Hebreos 13:17).

9. Buscaremos establecer hogares que manifiesten el amor, la gracia, la belleza y el orden de Dios; que provean un clima favorable a la vida y que brinden hospitalidad cristiana a aquellos fuera de las paredes de nuestro hogar (Proverbios 31:10-31; 1 Timoteo 5:10; 1 Juan 3:17-18).

10. Honraremos la santidad, la pureza y la permanencia del pacto matrimonial, ya sea el nuestro o el de otros (Mateo 5:27-28; Marcos 10:5-9; 1 Corintios 6:15-20; Hebreos 13:4).

11. Recibiremos el regalo de los hijos como una bendición de Dios, buscando entrenarlos para que amen y sigan a Jesucristo y para que consagren sus vidas a Su evangelio y Su reino (Salmo 127:3; Proverbios 4:1-23; 22:6).

12. Modelaremos el mandato de Tito 2, como mujeres mayores, siendo ejemplos de piedad y entrenando a las más jóvenes para que agraden a Dios en todos los aspectos; y como mujeres jóvenes recibiendo la instrucción con mansedumbre y humildad, aspirando llegar a ser mujeres de Dios maduras quienes a su vez entrenarán a la siguiente generación (Tito 2:3-5).

13. Buscaremos oportunidades para compartir el evangelio de Cristo con los inconversos (Mateo 28:19-20; Colosenses 4:3-6).

14. Reflejaremos el corazón de Dios hacia los pobres, los enfermos, los oprimidos, las viudas, los huérfanos y los que están en prisión; ministrándoles a sus necesidades físicas y espirituales en el nombre de Cristo (Mateo 25:36; Lucas 10:25-37; Santiago 1:27; 1 Timoteo 6:17-19).

15. Oraremos por un movimiento de avivamiento y reforma entre el pueblo de Dios que redunde en el avance del evangelio y la extensión del reino de Cristo a todas las naciones (2 Crónicas 7:14; Salmo 51:1-10; 85:6; 2 Pedro 3:9).

apéndice C

APRENDE A DISCERNIR

por Nancy DeMoss Wolgemuth[1]

El enemigo de la verdad es sutil y astuto. No debería sorprendernos el aumento de las mentiras y de los errores espirituales conforme se aproxima la venida de Cristo. La Biblia dice que esto iba a suceder (Mateo 24:11), y Dios quiere que seamos conscientes de las falsas enseñanzas y de los falsos maestros para que podamos mantenernos firmes en Su Palabra. Nosotras debemos discernir y no simplemente aceptar lo que otros dicen que es la verdad.

DISCIERNE: APRENDE A DISCERNIR
ENTRE LA VERDAD Y EL ERROR

La sabiduría es la aplicación de la verdad de las Escrituras a nuestra vida (Santiago 1:5), y Dios quiere que pidas sabiduría. Pero el discernimiento te lleva un paso más allá. El discernimiento es la capacidad de juzgar o distinguir entre dos cosas con la sabiduría de la Palabra de Dios. Este tipo de juicio no es malo. De hecho, es crucial si vamos a tomar decisiones sabias.

Gracias a la obra del Espíritu Santo en nosotras, aprendemos a distinguir entre lo correcto y lo incorrecto, el bien y el mal, lo que tiene

---

1. Tomado de https://www.avivanuestroscorazones.com/articles/aprende-discernir-como-reconocer-y-responder-al-er/.

sentido y lo que no lo tiene, la verdad y el error. El Espíritu de Dios usa la Palabra de Dios para revelarnos y enseñarnos Su verdad (Juan 14:26; 16:12-15; 1 Corintios 2:13-14).

Dios alaba el discernimiento en sus hijos. En el Antiguo Testamento, los hijos de Isacar, entendidos en los tiempos y conocedores de lo que Israel debía hacer, tuvieron discernimiento (1 Crónicas 12:32). En el Nuevo Testamento, Jesús dijo a los fariseos que ellos debían ser capaces de comprender las señales de los tiempos, pero estaban tan preocupados añadiéndole a la ley que no fueron capaces de discernir la verdad de Dios (ver Mateo 16:1-3).

Añadir a la Palabra de Dios es siempre una señal de enseñanza falsa. Proverbios 30:6 y Apocalipsis 22:18-19 nos dicen claramente que no debemos añadir ni quitar de la Palabra de Dios, o de lo contrario seremos llamados "mentirosos". Cada vez que manejamos las Escrituras de manera incorrecta acabamos en el engaño y en enseñanzas destructivas.

Es responsabilidad de cada cristiano tener discernimiento, pero nuestra actitud para discernir y confrontar el error también es importante. Aunque hay que evitar ser odioso, polémico o enojarse, deben exponerse las falsas enseñanzas con amor, bondad y esperanza de cambio (Efesios 4:15; 2 Timoteo 2:24-26). Debemos escuchar con atención lo que dicen las personas (Proverbios 18:13) y luego responder con la fidelidad de la Palabra (Tito 1:9), no con nuestras propias opiniones. Dios no solamente odia el mal, sino que también desprecia el orgullo y la arrogancia, por lo que nuestra actitud en discernimiento es importante para de Él (Proverbios 8:13).

MANTENTE ALERTA: OBSERVA LA SEDUCCIÓN CORRUPTA DE LA CULTURA

La Biblia nos instruye diciendo: "tengan cuidado cómo andan; no como insensatos sino como sabios… porque los días son malos", y "entiendan cuál es la voluntad del Señor" (Efesios 5:15-17). Es decir, tenemos que estar alerta. Debemos detectar los errores que encontramos en la literatura, las noticias y otros medios de comunicación.

Tenemos que crecer en el conocimiento de Dios y de Su verdad para que podamos obtener Su "sabiduría y comprensión espiritual" (Colosenses 1:9-10).

El pueblo de Dios necesita conocer Su voluntad, Su Palabra y Sus caminos para que no sea destruido (Oseas 4:6). Es peligroso agregar opiniones y filosofías humanas a la sabiduría de Dios, así como es necedad sustituir las reglas hechas por el hombre por las enseñanzas de la verdadera santidad bíblica. En 2 Timoteo 3:1-5 se describe el tipo de personas que vivirán en los últimos días—personas que tendrán "apariencia de piedad " mientras niegan el poder de Dios. Hoy día la gente está hambrienta de espiritualidad, pero rechazan las normas sagradas de las Escrituras.

Los falsos profetas traen "herejías destructoras" que niegan al Señor, blasfeman de la verdad, y explotan a la gente con palabras engañosas (2 Pedro 2:1-3). Estos falsos profetas, al igual que el sistema del mundo secular, quieren que adoptemos valores que no son bíblicos, que obtengamos aprobación sobre la base de esos valores, y que persigamos metas impías.

Una de las palabras clave en la cultura actual que resulta confusa es tolerancia. Debemos recordar que la tolerancia es la forma como tratamos a la gente, mientras que la lógica es como debemos tratar las ideas, y para el cristiano se trata de aplicar una lógica fundamentada en la Biblia. No debemos tolerar las falsas ideas. Más bien, tenemos que distinguir entre la verdad y el error, y luego exponer el error.

Hay cosmovisiones en conflicto. Una cosmovisión es bíblica y la otra es anti bíblica. Los cristianos son a menudo llamados personas de mente estrecha, pero hacer distinciones exige ser rigurosos con el pensamiento. Jesús habló de una puerta estrecha (Mateo 7:13-14), y vemos a través de las Escrituras que no hay zonas grises cuando se trata de recibir la salvación de Cristo y obedecer sus mandamientos.

Debemos denunciar y derribar cualquier cosa que se levante contra el conocimiento de Dios en la Palabra, porque algún día toda lengua confesará que Jesús es el Señor (2 Corintios 10:3, 5; Filipenses 2:10 -11). Jesús debe ser el Señor de nuestra mente. Él ejerce Su autoridad a través de la Palabra, por lo que debemos asegurarnos de pensar bíblicamente.

SÉ BÍBLICA: CONOCE Y ENSEÑA LA VERDAD; EXHÍBELA EN TU VIDA

Los empleados bancarios estudian los billetes genuinos, no los billetes falsos, pues de esa manera podrán reconocer el dinero falso. Del mismo modo, ¡si queremos reconocer a los lobos disfrazados de oveja debemos saber como luce una verdadera oveja! Porque el mal se disfraza de verdad, y recuerda que el mismo Satanás se disfraza como ángel de luz (2 Corintios 11:14).

Debemos estudiar la Palabra de Dios para reconocer el error rápidamente. Incluso en algunas iglesias evangélicas no se enseña todo el consejo de Dios. Es importante anclar nuestra vida en el carácter de Dios (2 Pedro 1:3) y conocer Sus normas para no cambiar la verdad, y de esa manera evitar andar a la deriva, por la vacía y siempre cambiante filosofía del mundo (2 Timoteo 2:15).

Dios no quiere que seamos bebés espirituales. Él quiere que maduremos en Cristo para que no seamos "zarandeados" por sistemas de enseñanza necios, astutos y engañosos (Efesios 4:13-15). Él quiere que crezcamos en comprensión y en discernimiento, porque aborrece "todo camino de mentira" (Salmo 119:104).

Del mismo modo, Dios no quiere que sus hijos caigan en las trampas del enemigo. Si meditamos en las Escrituras, seremos menos propensas a caer en consejos de malos (Salmo 1:1-2). Es importante venir a la Palabra de Dios en humildad, como un niño pequeño, sin intenciones ocultas ni prejuicios, pidiendo a nuestro Padre celestial que nos enseñe (Mateo 11:25; 1 Corintios 1:19-20). También es importante exponerse a una enseñanza sólida en una iglesia bíblica, y a la comunión con cristianos firmes en la fe. Dios quiere que "ejercitemos" fielmente nuestros sentidos y que procuremos vivir para Él (Hebreos 5:14). Necesitamos la exposición diaria a la Palabra de Dios que nos hará capaces de "escoger lo mejor" y vivir una vida santa y sin mancha (Filipenses 1:10).

La verdad es el más poderoso correctivo del error. Una vez que conocemos la verdad, queremos compartirla con otros que han caído en el error, con aquellos que caen en el engaño de las falsas enseñanzas. Debemos enseñarles a vivir la verdad de Dios. Podemos ayudar a otros creyentes a permanecer en la libertad de Cristo y a que "no se sometan otra vez al yugo de esclavitud" (Gálatas 5:1).

SÉ VALIENTE: IDENTIFICA Y DENUNCIA LAS OBRAS DE LAS TINIEBLAS

Dios quiere que defendamos el evangelio (1 Corintios 15:1) mediante la exposición de la mentira. Debemos identificar las fuentes de error que puedan estar influyendo en nuestras vidas o en nuestros seres queridos. Tal vez sea un culto, la filosofía de la Nueva Era o errores teológicos. Primera de Juan 4:1 nos instruye a poner a prueba los espíritus, para tratar de determinar si son de Dios. Ya sea que sus voceros sean predicadores, maestros, psicólogos, escritores, panelistas de programas de opinión o locutores de radio, toda enseñanza debe ser juzgada por la Palabra eterna de Dios (Juan 17:17b).

El carácter y los métodos de los falsos maestros están expuestos en las Escrituras.

- Ellos predican un evangelio y un Jesús diferente del que revelan las Escrituras (1 Corintios 16:22; 2 Corintios 11:4; Gálatas 1:6-9).

- Hablan "visiones de su propia fantasía, no de la boca del Señor" (Jeremías 23:16), y al profetizar mentiras en el nombre de Dios tratan de hacer que Su pueblo se olvide de Él y de Su Palabra (Deuteronomio 18:20-22; Jeremías 23:25-27).

- Rechazan la culpa y justifican el pecado, llamando a lo malo bueno y a lo bueno malo (Isaías 5:20).

- Ellos "se llevan cautivas a mujercillas cargadas de pecados, llevadas por diversas pasiones, que siempre están aprendiendo,

pero nunca pueden llegar al pleno conocimiento de la verdad"
(2 Timoteo 3:6-7).

- Ellos "encubiertamente introducirán herejías destructoras"
(2 Pedro 2:1).

- Hablan "con arrogancia y vanidad, seducen mediante deseos
carnales… Les prometen libertad, mientras que ellos mismos
son esclavos" (2 Pedro 2:18-19).

- Causan divisiones en la iglesia (Romanos 16:17) como "igno-
rantes e inestables tuercen, como también tuercen el resto de las
Escrituras" (2 Pedro 3:16). Son "obreros fraudulentos, que se
disfrazan como apóstoles de Cristo" (2 Corintios 11:13).

"Porque se levantarán falsos Cristos y falsos profetas, y mostrarán
grandes señales y prodigios, para así engañar, de ser posible, aun a
los escogidos" (Mateo 24:24). A los cristianos se les advierte que "no
participen en las obras estériles de las tinieblas", sino que más bien las
desenmascaren (Efesios 5:11) y que tengan cuidado de no ser hechos
"cautivos" (o engañados) por las falsas doctrinas (Colosenses 2:8). Los
falsos maestros tienen el poder de Satanás, debemos ser valientes y
estar alerta contra estos enemigos astutos que tratan de "devorarnos"
(1 Pedro 5:8-9a).

ORA: INTERCEDE POR AQUELLOS QUE ESTÁN ATRAPADOS EN LA TRAMPA DE SATANÁS

La oración es a menudo el elemento olvidado en la batalla contra las
falsas enseñanzas. Además de compartir la verdad con amabilidad y
firmeza, podemos orar —con un corazón inquieto y compasivo —
seguras de que Dios corregirá "a los que se oponen" y les conceda "el
arrepentimiento que conduce al pleno conocimiento de la verdad, y
volviendo en sí, *escapen* del lazo del diablo, habiendo estado cautivos
de él para *hacer* su voluntad" (2 Timoteo 2:24-26).

Podemos orar también por aquellos que han sido víctima de estos maestros, para que reconozcan el error de las falsas enseñanzas y abracen la verdad de la Palabra de Dios. Debemos estar alerta y perseverar en oración por los creyentes en todas partes, a fin de que puedan mantenerse firmes en la verdad y la justicia (Efesios 6:18).

Debemos ser "prudentes y de espíritu sobrio" y desarrollar un discernimiento perspicaz en nuestras oraciones (1 Pedro 4:7). Así como el rey Salomón pidió sabiduría para poder discernir con sabiduría y gobernar bien a su pueblo (1 Reyes 3:5-14), tenemos que orar por entendimiento a medida que buscamos la sabiduría y la verdad en la Palabra (Salmo 119:125, 130).

SÉ PROACTIVA: PROTÉGETE CONTRA EL VENENO DEL ERROR

No hay una dosis segura de veneno, por lo que debemos tener cuidado con lo que permitimos que entre a nuestra vida. Es buena idea rodearnos y rodear a nuestros seres queridos de la comprensión clara de lo que Dios enseña en Su Palabra. Después de orar por protección, puedes mantenerte firme con el cinturón de "la verdad "(Efesios 6:14a). De hecho, debemos ponernos toda la armadura de Dios, porque nuestra lucha no es contra carne y sangre, sino contra los "poderes de este mundo de tinieblas" (Efesios 6:12-17).

Para ser proactivas podemos aprender a manejar correctamente las Escrituras, conociendo estas verdades acerca de la Palabra de Dios:

- Es eterna e inmutable (Salmo 119:89).
- Es digna de confianza (Salmo 119:137-138).
- Es útil para enseñar, para reprender, para corregir, para instruir en justicia (2 Timoteo 3:16). Tiene su origen en el mismo Dios por el Espíritu Santo (2 Pedro 1:20-21).
- Se cumplirá, a diferencia de las profecías de los falsos maestros (Deuteronomio 18:22; Mateo 5:18; Lucas 24:44).

- Es comprensible a través de la enseñanza del Espíritu Santo (Juan 14:26; 16:13; 2 Corintios 1:13).

- Quiere decir exactamente lo que dice y no debe ser alterada (Deuteronomio 4:2; 12:32; Proverbios 30:5-6; Eclesiastés 12:11-12, 1 Corintios 4:5-6; Apocalipsis 22:18-19).

- Guarda unidad, no se contradice, ni es incongruente (Números 23:19; Salmo 119:160; Mateo 4:4, Hechos 20:27).

- Es la referencia para probar toda enseñanza espiritual (Hechos 17:11; 2 Corintios 11:4; 1 Tesalonicenses 5:21; 1 Juan 4:1).

Las enseñanzas se prueban haciendo preguntas.

1. ¿Tienen un alto concepto de las Escrituras? ¿Consideran que la Escritura es fidedigna, inerrante y suficiente?

2. ¿Coinciden con las Escrituras? ¿Añaden o sustraen de las Escrituras? (Proverbios 30-5-6; Apocalipsis 22:18-19).

3. ¿Tienen un alto concepto de Dios tal y como es revelado en las Escrituras?

4. ¿Tienen un alto concepto de Cristo? ¿Lo consideran como Dios encarnado? ¿Sin pecado? (Juan 8:24; 10:23). "En esto ustedes conocen el Espíritu de Dios: todo espíritu que confiesa que Jesucristo ha venido en carne, es de Dios. Y todo espíritu que no confiesa a Jesús, no es de Dios, y este es el *espíritu* del anticristo, del cual ustedes han oído que viene, y que ahora ya está en el mundo" (1 Juan 4:2-3).

5. ¿La enseñanza presenta la verdad del Espíritu de Dios tal como es representado en la Palabra de Dios, o proviene de otro espíritu? ¿El mensaje se ajusta a las Escrituras que enseñan la muerte física, la sepultura y la resurrección de Jesucristo, y la salvación solo por gracia? (1 Corintios 15:1-4; Efesios 2:8- 9).

6. ¿Presenta el evangelio fielmente?

7. ¿Está centrado en Dios o en el hombre? ¿Tiene una visión bíblica del ser humano como caído y pecador? ¿Se ocupa más de restaurar nuestra autoestima o de ser limpiados de nuestros pecados y reconciliados con Dios?

8. ¿Evita o ignora temas que nos incomodan, tales como el pecado, la ira de Dios, el juicio, la muerte de Cristo, Cristo como el único camino, el arrepentimiento y la obediencia? ¿Presenta una versión moderada del evangelio y de las exigencias de Cristo o del evangelio para hacerlo más aceptable al oído moderno?

9. ¿Minimiza, trivializa o redefine el pecado?

10. ¿Te hace dependiente de otras personas?

11. ¿Es algo "nuevo"? ¿Está de acuerdo con "la fe que de una vez y para siempre fue entregada a los santos" (Judas 3)? Si es nuevo y no lo encuentras en las Escrituras, ¡entonces no es verdad!

12. ¿Desprecia o trata con desdén todo lo que sea "tradicional"?

13. ¿El estilo de vida de la persona que lo enseña concuerda con (o contradice) las Escrituras?

Con el peligroso aumento del error espiritual en estos días, hay que ser valiente y tener fe para enfrentar las falsas enseñanzas, con compasión y sabiduría. Debemos conocer, comunicar y vivir la verdad, pidiendo en oración a Dios porque nos use para cambiar los corazones y las mentes de quienes están atrapados en las mentiras de Satanás.

apéndice D

CÓMO ESTUDIAR LA BIBLIA

El método inductivo para el estudio de la Biblia consiste en responder a tres preguntas:

- ¿Qué dice el texto bíblico? (Observación)
- ¿Qué significa el texto bíblico? (Interpretación)
- ¿Qué debo hacer? (Aplicación)

OBSERVACIÓN

Haz un resumen

Después de leer un pasaje, trata de pensar en un título. Busca un versículo clave que capte el sentido del pasaje. Escribe un breve resumen general de lo leído, que incluya los puntos más relevantes.

Escribe una paráfrasis

Trata de escribir el pasaje usando tus propias palabras.

Formula preguntas

- *¿Quién* lo escribió? ¿Quién hablaba? ¿De quién hablaba? ¿A quién le hablaba?
- *¿Qué* sucedió? ¿Cuáles fueron los sucesos principales? ¿Cuáles son las ideas y los temas principales?
- *¿Cuándo* se escribió? ¿Ya sucedieron los eventos? ¿Están por suceder?

- *¿Dónde* sucedió?

- *¿Por qué* se escribió?

- *¿Cómo* sucedió? ¿Ya ha terminado?

Busca patrones

Patrones tales como palabras o frases repetidas te pueden ayudar a entender lo que el autor quiere enfatizar.

Busca referencias cruzadas

A medida que te vayas familiarizando con la Biblia, verás que, cuando lees un pasaje, el Espíritu Santo traerá a tu mente otros versículos relacionados, que te confirmarán o te darán más luz sobre lo que estás leyendo en ese momento.

Utiliza otras herramientas

Utiliza otras herramientas que te ayuden a descubrir lo que el pasaje está diciendo, lo que quiere comunicar:

- Un diccionario puede ayudarte a entender el significado básico de las palabras.

- Otras versiones de la Biblia pueden arrojar más luz sobre el pasaje.

- Una concordancia puede ayudarte a entender el significado de las palabras en su idioma original.

- Las Biblias de estudio y los comentarios bíblicos son útiles para entender los pasajes, ya que te ayudan a conocer el contexto de los autores, el lugar, los personajes y las costumbres de la época.

INTERPRETACIÓN

Formula las siguientes preguntas para poder entender mejor las implicaciones del texto:

- ¿Qué me enseña este pasaje acerca de Dios?

- ¿Qué me enseña este pasaje acerca de Jesús?

- ¿Qué me enseña este pasaje acerca del ser humano?

- ¿Hay promesas que creer?

- ¿Hay mandamientos que obedecer?

- ¿Hay ejemplos a seguir?

- ¿Hay pecados que debes evitar?

APLICACIÓN

Después de aprender el «qué», debemos preguntarnos: «¿y ahora qué?». Las siguientes preguntas te serán de ayuda:

- ¿Cómo se aplica esta verdad a mi vida? ¿A mi situación?

- En vista de esta verdad, ¿qué cambios necesito hacer en mi vida?

- ¿Qué medidas prácticas puedo tomar para aplicar esta verdad en mi vida?

  - Ejercer fe en las promesas y el carácter de Dios.

  - Humillarme y reconocer mi necesidad.

  - Confesar mis pecados.

  - Desechar mi antigua manera de pensar.

  - Obedecer algunos mandamientos que he estado descuidando.

  - Alabar y adorar al Dios que se ha revelado a mi vida.

  - Perdonar a quien me ha hecho daño.

  - Pedir perdón a quien he ofendido.

  - Buscar la reconciliación en una relación rota.

  - Estar dispuesta a dar para satisfacer las necesidades de otros.

  - Anunciar las buenas nuevas de Jesucristo a los no cristianos.

  - Clamar a Dios por los hermanos en necesidad.